O COMBUSTÍVEL ESPIRITUAL

ARI PALUCH

O COMBUSTÍVEL ESPIRITUAL

Pare de querer ter razão e comece a ter paz

tradução
Diogo de Hollanda

Academia

Coordenação editorial: Debora Guterman
Revisão: Tulio Kawata
Diagramação: Pedro Barros

Dados Internacionais de Catalogação na Publicação (CIP)
(Câmara Brasileira do Livro, SP, Brasil)

Paluch, Ari
O combustível espiritual : pare de querer ter razão e comece a ter paz / Ari Paluch ; prefácio de Augusto Cury ; tradução Diogo de Hollanda. -- São Paulo : Editora Academia de Inteligência, 2009.

Título original: El combustible espiritual
ISBN 978-85-60096-48-0

1. Conduta de vida 2. Espiritualidade 3. Paz de espírito 4. Vida cristã I. Cury, Augusto. II. Título.

08-12440 CDD-248.4

Índices para catálogo sistemático:
1. Conduta de vida : Prática cristã : Espiritualidade 248.4
2. Vida : Reflexões Espiritualidade : Prática cristã 248.4

2009

Editora Academia de Inteligência Ltda.
Avenida Francisco Matarazzo, 1500 – 3º andar – conj. 32B
Edifício New York
05001-100 – São Paulo – SP
www.academiadeinteligencia.com.br
www.editoraplaneta.com.br
vendas.academia@editoraplaneta.com.br

Sumário

Prefácio à edição brasileira

Augusto Cury

Durante mais de 25 anos tenho produzido uma das poucas teorias mundiais sobre o funcionamento da mente, a construção de pensamentos e a formação de pensadores. No processo árduo de elaboração dessa teoria, cujos pressupostos básicos precisaram de 3 mil páginas, era um ateu dos ateus. Para mim, Deus era fruto do espetáculo das ideias, do cérebro em pânico que não aceita seu caos no pequeno espaço de um túmulo. Portanto, no passado, o belo livro *O combustível espiritual*, do famoso comunicador argentino Ari Paluch, não teria significado algum para mim. Antes de discorrer sobre este livro, deixe-me dizer por que hoje ele tem.

Quando fui analisar por que algumas pessoas saíram do cárcere da rotina e brilharam no mundo das idéias, tornando-se, portanto, grandes pensadores, fiquei estimulado em analisar o homem mais famoso da história: Jesus Cristo. Queria saber se ele era real ou imaginário, se era um herói pré-fabricado por um grupo de galileus ou se suas ideias e reações eram surpreendentes e ímpares. Analisei suas biografias ou evangelhos em várias versões como um crítico cético. À medida que o analisei, fiquei impressionado com esse homem, fascinado com o exercício pleno das funções mais importantes da inteligência. Ele gerenciava o teatro da sua mente e protegia sua emoção como jamais um psiquiatra ou psicólogo o fez.

Por exemplo, quando Freud foi contrariado pelos seus amigos a respeito da teoria da sexualidade, ele os baniu da família psicanalítica. Todavia, quando Jesus foi traído por Judas

Iscariotes, para espanto das ciências humanas, chamou-o de amigo no ato da traição e deu-lhe uma oportunidade única para re-escrever sua história. O Mestre dos mestres não tinha medo de ser traído. Tinha medo, sim, de perder um amigo. Nunca na história alguém deu tudo o que tinha aos que pouco tinham. Ele investia seu ser nos que nunca atingiram o pódio, nos que ficaram nas últimas fileiras ou não tinham coragem de disputar a jornada. Sob esse olhar, percebi que suas reações transcendem o imaginário humano.

Todo esse processo de investigação mudou os textos da minha história. Hoje não defendo uma religião nem sou religioso, mas descobri que a espiritualidade não é fruto de um cérebro tímido e inseguro, mas um ato inteligentíssimo.

Não sou especialista em espiritualidade. Sou apenas um psiquiatra e um pesquisador do intrigante teatro da mente humana, um pequeno caminhante em busca do meu próprio ser. Ari Paluch é um especialista no fenômeno da espiritualidade. As mensagens do seu livro *O combustível espiritual* são carregadas de sensibilidade: "Mude a sua forma de ver o mundo e o mundo mudará"; "Uma mente indomável nos levará a uma existência não iluminada". Portanto, toca em assuntos ligados à psicologia, como gerenciar pensamentos. Toca em assuntos médicos também, como o estudo publicado pelo *American Heart Association Journal* que demonstra que aprender a relaxar e diminuir o estresse através da meditação transcendental pode reduzir a arteriosclerose e o risco de ataque cardíaco ou acidente cerebrovascular.

Não tive o prazer de conhecer Ari Paluch pessoalmente, mas seus textos gritam que ele é apaixonado pela humanidade e que vê a vida como um espetáculo único. Seu livro promove o bem, instiga a sabedoria, encoraja os leitores a fazer a mais importante viagem que um ser humano deve empreender: uma viagem para seu interior.

Prefácio

No inverno de 2003, conheci o Ari pessoalmente. Em um dos nossos primeiros contatos, ele brincou dizendo que tínhamos em comum o fato de termos escrito um livro. Referia-se a uma espécie de livro com seu nome gravado em uma capa vermelha. Na verdade, era um caderno de anotações com todas as folhas em branco. Hoje isso deixou de ser uma brincadeira e contamos com o "verdadeiro" texto do Ari. A vida é mesmo surpreendente! Um dia falamos em tom de piada sobre algo que supostamente fizemos ou iremos fazer. Algum tempo depois, vemos essa mesma ideia transformada em realidade.

O que você vai encontrar neste livro é *Ari Paluch em estado bruto*. Uma vez ouvi sua mulher, Carolina, dizer o seguinte: "O Ari é na rádio do mesmo jeito que em casa". Parafraseando esse comentário, eu poderia dizer que "o Ari se mostra neste livro exatamente como é na intimidade". Em suas palavras, você encontrará as coisas em que ele realmente acredita e a vida que procura levar todos os dias. Sou testemunha de sua permanente evolução em todos esses assuntos.

O Ari está sempre em busca do combustível espiritual. Se alimenta. Procura. Tenta. Escuta. Surpreende-se.

Repensa. Hoje em dia muita gente corre em busca do que denomino "a espiritualidade do umbigo" (leia-se incorporar somente conceitos espirituais para a autossatisfação, o próprio bem-estar ou para aumentar a autoestima). Ari e eu temos coincidências e divergências em nossas convicções, mas há algo em que concordamos 100%: "a espiritualidade do nós", a espiritualidade que aproxima as pessoas, que procura o benefício mútuo, que pacifica. A espiritualidade do serviço.

Mencionei a coerência e a transparência do Ari, sua evolução, sua busca espiritual para benefício próprio e do próximo. É justamente esta última característica que nos leva a outro aspecto que quero destacar: o Ari compreendeu, há muito tempo, que Deus o colocou nesta terra para cumprir uma missão. Ele está na rádio para cumprir uma missão a *serviço* dos demais. E, ao escrever este livro, não duvide de que trabalhou duro para que estas páginas possam influir positivamente na sua vida e na minha.

Não sei como esta edição chegou às suas mãos. Isso não é o mais importante. O mais relevante será o que você vai fazer com o que ler a seguir.

Vai diminuir seu ritmo para olhar seu interior?

Será desafiado a cuidar todos os dias de sua vida espiritual?

Vai observar com atenção as necessidades a seu redor?

Começará a ver cada jornada como uma oportunidade extraordinária que Deus lhe dá para cumprir uma missão?

Prezado leitor: que você tenha momentos gratificantes ao ler este livro, mas, por outro lado, que o texto provoque esse tipo de incômodo que prepara o terreno necessário para você continuar aprendendo e fazendo ajustes em sua vida.

E você, Ari, muito obrigado por ter investido horas de sua vida pensando em nós e em como nos fazer bem através deste livro. Agora, vamos em busca das suas primeiras palavras, que certamente hão de deixar marcas importantes em cada um de nós...

Dr. Gustavo Bedrossian,
Janeiro de 2008

capítulo 1

O combustível espiritual

A espiritualidade é a necessidade consciente de Deus. Quem ler este livro esteja avisado de que não será um ser mais espiritual por lê-lo, assim como eu não serei por tê-lo escrito. Esta obra foi antecedida pela intenção de melhorar minha vida, compensar minhas tristezas, dominar meu ego; em suma, encontrar a paz mais ansiada e que talvez seja a que menos se valoriza hoje: a paz consigo mesmo. É isto que devemos procurar para estar em paz com os outros.

Comecei a escrever este livro formalmente em abril de 2007 e terminei-o nos primeiros dias de fevereiro de 2008. Estabeleci uma rotina de escrita mais ou menos metódica para poder entregá-lo na data combinada com a editora. De todo modo, o livro que você tem em mãos é consequência de múltiplas leituras, vários contatos com facilitadores espirituais e, acima de tudo, da inspiração surgida do meu vínculo com Deus, que, no meu humilde entender, me enviou sinais permanentes e me guiou para que eu fosse um mero tradutor. Se este livro o ajudar, inspirar ou o orientar para o bom caminho, creio que minha missão como mero canal de Deus terá sido cumprida e agradeço muito pela oportunidade. Se isto não ocorrer, não vou fugir do compromisso e da responsabilidade: agradeço igualmente e peço desculpas por não ter ficado à altura do que a ocasião exigia.

Escrever este livro me propiciou uma experiência maravilhosa: à medida que surgiam conceitos, ideias e conselhos que recebi de Deus ao longo das meditações cotidianas, fui preenchendo as folhas em branco. Vivia momentos sensacionais toda vez que ia correr e sentia que Ele me ajudava a mover meus braços e minhas pernas e, especialmente, a expandir minha consciência.

Como ser terreno que sou, necessitado de meus irmãos, agradeço a enorme sabedoria dos que, com livros, palestras, entrevistas e conferências, ajudaram, voluntária ou involuntariamente, em maior ou menor medida, na realização desta obra. Tentei mostrar essas influências com a devida menção ao longo de todo o livro.

Alguns dias antes de terminar de escrever *O combustível espiritual*, perdi meu pai. Mesmo sendo previsível – ele tinha uma doença grave –, foi muito triste e doloroso. Admito que minha busca espiritual, apesar do evidente abalo que seu desaparecimento me causou, foi e continua a ser de enorme valia para aceitar sua morte e honrar sua vida com a minha. Querido Coco: sei que seu espírito, onde quer que esteja, será meu primeiro e mais exigente leitor.

Outra morte de uma pessoa próxima à minha família, apenas dois anos mais velha que eu, marcaria o começo de uma nova etapa, sobre a qual falarei nas próximas páginas. Querida Mônica: sua partida, de alguma forma, marcou minha chegada ao mundo da espiritualidade.

Há mais ou menos quatro anos, por diversas circunstâncias, tive necessidade de acabar com minha insatisfação e minha sensação de vazio existencial. Busquei uma trilha que me levasse a meu caminho espiritual. Hoje percorro esse caminho guiado pela intenção de me ajudar e, em consequência, ajudar outras pessoas que possam estar em uma busca semelhante.

A espiritualidade talvez não seja mais que um treinamento diário e apaixonante para estabelecer contato com Deus através da divindade que nosso ser interior encarna. A intenção é que nosso contato com Ele seja mais frequente e mais consciente, sem limitar-se a uma reza ou um pedido, e possa servir para estarmos atentos aos sinais que nossa intuição captar e finalmente discernir o "para quê" das coisas que acontecem conosco.

O grande pensador oriental Osho diz: "Quando inspiramos, recebemos Deus. Quando expiramos, nos entregamos a Ele". Esta frase magistral revela como a espiritualidade pode fazer diferença para uma vida melhor, com plenitude e um propósito, mesmo em algo tão sagrado como a respiração. A maioria das pessoas não presta nenhuma atenção a isso, praticamente não registra, porque vê na respiração apenas uma experiência mecânica.

Sem dúvida, o contato com a divindade só é mais fluido quando conseguimos elevar nosso espírito. É aí que surge o melhor de nós mesmos. Uma regrinha básica nesta matéria poderia ser a seguinte: quanto mais elevado o espírito, mais próximo estará de Deus.

Por outro lado, quando não fluímos, quando emitimos frequências baixas, as consequências falam por si. Quando um ser humano tem atitudes sórdidas, classificamos seus atos como baixezas. Quanto menos carregados andarmos, mais nos elevaremos espiritualmente e mais provável será nossa conexão com a divindade, nosso ser interior em que fluímos como canal de Deus – canal profundo em que o ego não vem à tona.

Você já deve ter escutado muitas vezes a expressão “O céu na terra”. Pois bem, você não precisa mais procurá-lo. O céu na terra não é nada mais do que a paz interior. É disso que trata a espiritualidade e para isso que ela aponta. Procuro neste livro a aplicação de uma espiritualidade que possa ajudá-lo a encontrar essa paz interior – uma paz que, acima de tudo e independente dos instrumentos externos a que você possa recorrer, vive dentro do seu ser. Gostaria de transmitir uma espiritualidade despojada de formas e ritos, absolutamente inclusiva e aplicável a nossa vida cotidiana. Em suma, o “combustível espiritual” com que vou abastecer cada uma dessas páginas pretende, humildemente, fazer da sabedoria um ato prático.

Destaco a necessidade espiritual de elevação. Trata-se, nem mais, nem menos, de elevar-se para retomar a fonte divina. A cabala, milenar sabedoria judaica, propõe nos livrarmos das impurezas e nos conectarmos com a luz acima de nós, a luz do Criador. Daí a necessidade de nos elevarmos e buscarmos a iluminação.

Pouco antes de iniciar minha busca espiritual (ainda que eu sempre tenha tido fé), fiz terapia com um psiquiatra. Foi uma época da vida em que vivi situações muito estressantes. Diante de meus temores e angústias, o renomado profissional concluiu que eu sofria de ansiedade e sugeriu que, para superar o quadro, eu experimentasse algum medicamento. Seu diagnóstico, embora digno de respeito, foi para mim um sinal de que a terapia tinha chegado ao fim. Hoje, à distância, agradeço a essa circunstância, que me impulsionou a aprofundar a busca que mencionei no início do capítulo. Estudos científicos demonstram que as pessoas que se preocupam menos graças à meditação alcançam um estado de calma mental que se reflete na melhora da atividade neurológica e das respostas fisiológicas.

No meu caso particular, quando incorporei a meditação à rotina, paralelamente à minha busca espiritual ocorreu uma melhora considerável em meu aspecto físico – inclusive bem visível para os outros, que faziam comentários constantes sobre as mudanças na minha aparência, um virtual rejuvenescimento. Felizmente, não tive de ir a farmácias nem a uma sala de cirurgia. Há muitos anos a metafísica ensina que as coisas do lado de fora são como as do lado de dentro. A mudança interior é o primeiro passo para a mudança exterior, seja para o bem ou para o mal.

Minhas preocupações crônicas me geravam (e tornariam a gerar se eu voltasse a elas) angústia, depressão, estresse. Uma máxima diz que somos o que pensamos. Tem a ver, de alguma forma, com a sentença cartesiana "Penso, logo existo". Felizmente nossos pensamentos podem mudar e, portanto, nós podemos mudar. Talvez, ao lado da máxima "Somos o que pensamos", um outro princípio poderia ser: "Somos o que sentimos". Ao mudar nossos pensamentos, modificamos nossos sentimentos. O que projetarmos com nossas ações e pensamentos será a trama que o universo exibirá no cinema da nossa existência.

O combustível espiritual nos ensina a fugir do nosso protagonismo extremo, de nossa onipotência e entregar as situações a Deus. Trata-se de aprender a não nos angustiarmos com temores permanentes sobre o que acontece conosco. Atribui-se aos budistas a seguinte frase: "Se acontece, é porque é necessário".

No magnífico discurso que proferiu para graduandos de uma universidade americana, o empresário do setor de tecnologia Steve Jobs, criador de empreendimentos como Apple e Pixar, afirmou: "Você não consegue conectar os fatos olhando para frente. Você só os conecta quando olha para trás". Ou seja, ao passarmos por um suposto problema, só depois de um tempo de cautela, olhando para trás, entenderemos a razão e a importância desse problema para o desenvolvimento de nossa vida, nosso crescimento e nosso aprendizado.

O músico Gustavo Santaolalla, duas vezes vencedor do Oscar, definiu a vida como uma sucessão de problemas e soluções. Ainda que pareça um lugar-comum, preocupar-se não adianta nada. Ocupar-se resolve bastante – e se, além disso, "entregamos" a situação, vamos solucionar muito mais coisas. *O combustível espiritual* nos lembra que Deus ajuda os que se ajudam.

Para ilustrar essa frase, costumo contar na rádio a história de um povoado atingido por uma enchente. Toda a população abandonou o lugar, com exceção do padre, que em três oportunidades se negou a sair da igreja. O sacerdote morreu e, ao chegar ao céu, questionou Deus por não tê-lo ajudado. Deus lhe respondeu: "Eu o ajudei três vezes".

Quando, depois de termos feito nossa parte, confiamos a Deus uma situação que nos aflige, estamos entregando o controle do ego à condução do espírito. Com esta entrega, desempenhamos um ato de fé. *O combustível espiritual* nos lembra que a fé é o contrário da dúvida. A fé não é cega. É visionária.

Quando transformamos o ato de entrega num costume, começamos a desenvolver a intuição, a ficar atentos aos sinais, aos avisos que inevitavelmente chegarão. É fascinante como esse mecanismo funciona depois que o aceitamos e passamos a exercê-lo sem reservas. É como começar a tomar decisões em paz, não mais guiados pelo ego (medo, dúvida, inveja, culpa, competição excessiva), mas pela espiritualidade, que nos permite fazer as escolhas mais apropriadas a nosso propósito na vida.

Substituí o conceituado psiquiatra que mencionei antes por meu atual psicólogo, autor do prólogo deste livro, Gustavo Bedrossian. Entre as várias lições que ele me deu, uma delas foi no dia em que mostrou um pequeno papel que carrega sempre em sua agenda. Nele está escrita sua missão de vida. Em três ou quatro linhas, encontra-se resumido seu propósito neste mundo e, embora seja muito claro para ele, de vez em quando Gustavo o consulta – nas ocasiões, por exemplo, em que recebe uma proposta e quer se certificar de que ela não vai afastá-lo de sua missão de vida.

Aqui poderíamos falar – como ensinou outra das pessoas que mais me guiaram em matéria espiritual, minha professora Beatriz Berro – de "propósito interno" e "propósito externo". Quando eles coincidem, nossa vida flui, o conflito desaparece e o ser evolui, realizando ao máximo sua incumbência. Em contrapartida, quando o propósito interno (o espiritual, o da missão) colide com o externo (o do ego, da ambição sem justificativa), o conflito reaparece.

Com o passar dos anos, aprendemos que há pessoas, trabalhos e bens materiais que não foram feitos para nós. Da mesma forma, existem pessoas, trabalhos e bens que, inevitavelmente, farão parte de nossa vida.

A espiritualidade não é matemática; é maleável e se desenvolve de acordo com a evolução individual de cada ser. Cada um de nós terá a sua experiência, ainda que, mais cedo ou mais tarde, todos estarão diante das mesmas leis do universo. Não há problema – faz parte do aprendizado e da evolução – em cometer erros e bater a cabeça contra a parede. Não é burro quem erra. Burrice é persistir no erro. *O combustível espiritual* nos diz: "Você deve medir seu êxito na vida não pelo que conquistou, mas pelos obstáculos que teve de enfrentar no caminho".

Podemos evoluir e involuir, dependendo do momento. Podemos inclusive ficar estagnados, mas lembre-se que a estagnação prolongada é o primeiro passo para a involução permanente.

O médico e líder espiritual Deepak Chopra acredita que todos temos um dom, um talento, e que alguém no mundo precisará dele. Quando seu talento e a necessidade do outro se encaixam, seu trabalho começou. Quando esse trabalho é posto a serviço dos demais, o sucesso está assegurado.

Quando o cantor e compositor argentino-venezuelano Ricardo Montaner visitou nossa seção "O combustível espiritual", na rádio, explicou sua interessante teoria sobre o dom. Trata-se, segundo ele, de uma graça divina concedida a cada um de nós ao nascer, não por mérito nosso. É uma espécie de empréstimo que Deus nos faz. Colocando em termos materiais, seria como nascer e receber um financiamento de 50 mil dólares. O sucesso que vamos ter com esses recursos dependerá de como o administrarmos. Se soubermos administrar nosso dom e entendermos para que ele nos foi concedido, o sucesso, mais uma vez, será inevitável. Porém, se não o usarmos devidamente e não o administrarmos "como Deus manda", assim como chegou a nossa vida, o dom vai embora, sem dar explicação.

O mundo está cheio de exemplos de pessoas que utilizaram o dom de maneira distorcida ou apenas em benefício próprio. Ao longo do livro, aprofundaremos a questão.

Sei que, ao ler que todos têm um dom e uma missão, muitos se perguntarão qual é a sua incumbência na vida e que instrumento possui para atingir seu objetivo. Pois bem, como uma pequena orientação, podemos apontar aqui algumas formas para descobrir isso.

Poderíamos nos perguntar com que atividades não nos damos conta do passar do tempo. Poderíamos perguntar também o que deixaríamos de fazer se ganhássemos na loteria. Devo confessar que, no meu caso, mesmo ficando milionário, creio que continuaria trabalhando no que eu gosto mais: a comunicação (este livro é uma das formas), o jornalismo e, em particular, a apresentação e a produção de programas de rádio.

Para aqueles que continuam buscando uma resposta sobre seu canal de realização na vida, sugiro que fiquem atentos ao que os outros veem. Muitas vezes não temos consciência do que, naturalmente, fazemos com talento e os outros observam com admiração.

Logicamente, aquilo que fazemos bem, que nos dá prazer, que surge de nós sem grandes esforços, poderá se converter, combinado com um senso de organização e utilidade material lógica, em nosso trabalho e meio de vida. *O combustível espiritual* nos recorda: "O propósito da nossa vida é estimular o que existe de melhor dentro de nós".

Na vida somos apresentados a oportunidades e opções frequentes que nos permitem e até obrigam a escolher, a tomar decisões. Isto é basicamente o que chamamos de *livre-arbítrio.* A escolha diária de maior significado que fazemos é a opção entre a luz e a escuridão, o ego e o espírito, o amor e o medo.

Com o tempo, começamos a entender que, quanto maior a nossa dependência do ego, menor é a conexão que podemos estabelecer com Deus. Quanto mais seguimos o ego, quanto mais encarnamos um personagem, menos somos nós mesmos e mais distantes ficamos da nossa missão. Para ser mais claro: ficamos à margem do nosso caminho, da única trilha pela qual poderemos alcançar nosso propósito, que é o mesmo traçado por quem nos trouxe aqui.

O ego é um controlador hábil. Impõe uma situação forçada de domínio, em que as questões e circunstâncias derivam de esforços permanentes, sacrifícios vãos com resultados sempre insatisfatórios.

Assim como o ego controla sua vida, é o espírito que a guia. Sempre estamos em tempo de diminuir o ego e entregar nossa vida à luz. Deixemos de lado os sacrifícios vãos e façamos contato com a fluidez de forma cada vez mais frequente em nossas vidas. Mesmo que possa ser útil, não é bom viver a vida com os punhos cerrados.

Há duas ações que caracterizam o comportamento natural dos seres espirituais: soltar e fluir. Há duas ações que caracterizam o comportamento automático dos que estão regidos e subjugados pelo ego: controlar e sofrer.

O combustível espiritual nos faz compreender que, no fim das contas, as coisas que nos cabem prevalecem sobre as que são meramente convenientes. E nos ajuda a ver que há comportamentos capazes de nos trazer felicidade por um momento e outros, pelo resto das nossas vidas. Embora seja difícil entender, cedo ou tarde aceitamos que não vivemos nada que não nos caiba aprender.

Retomemos o conceito da ação de fluir: uma postura relaxada é o primeiro passo para entrar nesse círculo virtuoso. Vamos ver dessa forma: relaxar é deixar que as coisas aconteçam, não opor resistência, completar o processo que permitirá que sua vida flua. Como destacávamos anteriormente, *O combustível espiritual* nos recorda: "Deus ajuda o que se ajuda. Você não pode ajudar Deus, mas Ele sim pode ajudá-lo". Em termos muito práticos, relaxar não é ficar sem fazer nada. É saber que você já fez sua parte e que não tem responsabilidade pelo resto. Esta é a entrega: deixar que um poder maior do que o nosso dirija nossa vida.

Cada um dos capítulos que compõem as páginas seguintes deste livro nos ilustrará, com mais precisão e vários exemplos, o que definimos nesta parte inicial. Um deles, intitulado "Cuidado com o que você se propõe, porque pode conseguir", fala sobre deixar nossa vida fluir e entender o "para quê" das coisas que nos ocorrem. *O combustível espiritual* nos diz: "Muitas vezes, não obter o que se quer é uma sorte".

À medida que compartilhamos os conceitos vinculados à necessidade de entregar nossa vida, aprender a relaxar, evitar o que é forçado, não nos submeter ao controle do ego e buscar a harmonia do fluir, entendemos o papel nocivo que a resistência exerce.

O ser espiritual sente dor, mas não sofrimento. Sabe que a dor faz parte do aprendizado. Com o tempo, entende que o sofrimento deriva do desejo de algo diferente do que lhe acontece. Não há problema em desejar algo diferente, mas o ser espiritual entende que o que ocorre com ele, muito provavelmente, é consequência de uma decisão equivocada. Portanto, essa dor não é nada mais que uma lição e o aprendizado permitirá que adote determinações corretas para não haver mais dor. *O combustível espiritual* nos diz que, quando compreendemos por que e para que uma coisa acontece conosco, nós a aceitamos, superamos a dificuldade e finalmente aprendemos a lição.

Na espiritualidade, o importante não é ser aprovado, mas aprender. Como forma talvez cruel de simplificar a mensagem, poderíamos dizer que, provavelmente, uma das maiores verdades da vida seja: “Quem não aprende se ferra”.

capítulo 2

Tudo muda

A vida é movimento. Quando alguém não aguenta mais uma situação angustiante, costuma dizer: "Parem o mundo que eu quero descer". Mas isso não é possível e, de qualquer forma, não é o que nos recomendaria *O combustível espiritual.*

Outra fantasia é a de querer mudar os outros ou mudar diretamente o mundo. A verdade está expressa em outra frase antiga, sábia e popular: "A caridade começa em casa". *O combustível espiritual* nos diz: "Mude a sua forma de ver o mundo e o mundo mudará". Às vezes, ingenuamente, pensamos que uma outra pessoa mudou nossa vida, mas, para a espiritualidade, o que acontece está ligado ao que fazemos com que aconteça. Poderíamos resumir assim: "Mude sua vida. Você pode fazer isso".

Vivemos pensando no que gostaríamos de mudar, mas, paradoxalmente, se nos aceitássemos como somos, sem modificar nada – repito: aceitássemos – e em seguida nos perdoássemos, somente com essa decisão mudaríamos muito e para melhor, em vez de achar que a sonhada mudança ocorreria mudando tudo para, no fim das contas, "não mudar nada".

Uma velha piada conta a história de um sujeito de uns trinta anos que fazia cocô nas calças. Angustiado, começou a ir a um psicólogo. Pouco tempo depois, encontrou um amigo que lhe perguntou sobre o problema e o nosso personagem respondeu que estava muito melhor. "Parou de fazer cocô na calça?", o amigo perguntou novamente. O outro explicou: "Continuo fazendo, mas aprendi a aceitar isso".

Não voltamos a ver nosso amigo do esfíncter frouxo, mas todos deveríamos experimentar um processo de mudança como o dele. Aceitemos o "pior" de nós. Não culpemos os outros. Admitamos as situações que nos cabe viver. *O combustível espiritual* nos diz: "Não lutemos contra as circunstâncias, tratemos de acompanhá-las".

Em seu livro-disco *Las voces del alma*, a cantora argentina Cecília Baraz afirma: "Não culpemos os outros pela nossa dor; só assim vamos nos livrar do ressentimento e assumir a responsabilidade por nossa própria experiência."

Tenhamos consciência de que a questão é superar situações negativas que atraímos para nós em consequência de pensamentos negativos que havíamos tido antes.

Poderíamos citar uma frase que repetimos várias vezes para ilustrar a busca pela mudança: "Não pode ser, acontece sempre a mesma coisa comigo". Pois bem, na próxima vez, antes de pronunciar essa frase maldita, ou depois de enunciá-la, pergunte-se o que está acontecendo com você, e não com os outros, que sempre atrai o mesmo tipo de relações problemáticas, trabalhos frustrantes, amigos desleais, chefes tiranos, etc.

Não vamos esperar chegar ao quinto emprego ou ao quarto casamento para nos perguntar o que foi que repetimos tantas vezes para atingir os mesmos resultados. Sempre acontece a mesma coisa conosco porque a causa é sempre a mesma: muda o elenco de coadjuvantes, mas não o protagonista. Ou seja, você. Além disso, há outra coisa que também não muda: o roteiro, cujo autor também é você.

A espiritualidade nos explica com clareza: primeiro, o par interior; o re-encontro e a relação com nós mesmos. Depois, o par exterior. A maioria das pessoas faz a viagem inversa: imagina a pessoa que a fará feliz, o trabalho que "mudará" sua vida e assim por diante. O lado de fora será como o de dentro. A primeira pessoa que tem de fazê-lo feliz é você mesmo. A união perfeita está no próprio indivíduo. *O combustível espiritual* nos diz: "A melhor relação é aquela em que o amor entre duas pessoas é maior do que a necessidade de uma pela outra". Portanto, primeiro devemos "voltar para casa", para nosso ser interior.

Quando tomamos consciência da raiz dos conflitos, atacamos as causas e eliminamos os sintomas. A mudança interior é a da aceitação. O exterior será consequência do interior. Se você esperar apenas a mudança do outro, qual será seu aprendizado, sua evolução, sua experiência?

Quando descrevemos outras pessoas, essa descrição fala mais de nós do que delas.

Em seu livro *Vivir en la zona*, o argentino Julio Bevione propõe um exercício muito interessante: o de enumerar os defeitos de outras pessoas – por exemplo, seu amigo Pedro ou sua prima Paula. Depois de terminar a lista, trocamos o nome de Pedro ou Paula pelo nosso e o resultado é surpreendente.

O combustível espiritual nos diz: "Todo pensamento que temos se refere a nós; julgar outra pessoa é nos autocondenar". A grande mudança começa pela aceitação de si próprio. Ser você mesmo é a única forma possível de alcançar a plenitude, porque, se você não é você, quem é? Ou você é o que é ou não é nada. Quem se aceita vive uma vida mais saudável. Quem não se aceita costuma ser invejoso, ciumento, competitivo em excesso, autodestrutivo. A aceitação própria é o movimento inicial para percorrer o caminho que nos leva a aplacar a inveja, combater o ciúme e parar de competir desmedidamente. A pessoa desconfiada não confia, antes de tudo, em si mesma. Nem é preciso dizer o quão longe está da paz interior e da plenitude quem não confia nem mesmo em si.

Na Argentina, costumamos elogiar os ídolos e as pessoas que admiramos dizendo: "Não mude nunca". Entretanto, por mais bem-intencionado que seja nosso desejo, não mudar nunca é a pior coisa que pode acontecer com uma pessoa. Quem não muda fica estagnado, não flui e impede a circulação da energia das coisas mais elevadas. A vida é um fluir constante. Tudo que detém esse fluir obstrui a evolução.

Viemos para esta vida para aprender, amadurecer, evoluir e nos transformar em seres melhores do que éramos; para nos elevar. O aprendizado na vida supõe que as coisas deixem de "passar" por nós e comecem a nos "alcançar". É quando a vida tem sentido. Iniciamos o percurso espiritual, entendemos o que acontece e vamos nos preparando para o que acontecerá, para o que segue.

Trata-se de uma continuidade que faz com que nossa vida seja uma fila permanente de dificuldades e soluções. As coisas param de nos ultrapassar; simplesmente nos alcançam para que possamos enfrentá-las e entendêlas. Uma vez compreendida a dificuldade, conseguimos transcendê-la e ela desaparece. Esta é a grande mudança. Quando entendemos o porquê de um obstáculo, ele desaparece e aí começa "a missão".

Estudos de pesquisadores que basearam seu trabalho em correntes da física quântica indicam que as emoções geram forças criativas de energia que afetam a realidade que nos rodeia. Com mais beleza e pureza em nossos pensamentos, liberaremos energias mais poderosas para modificar, e certamente melhorar, nossa realidade. A espiritualidade sempre nos ensinou que somos nós, e não nossas circunstâncias, que prevalecemos na estrutura de nossa vida.

Mais uma vez recorremos a uma velha frase popular para ilustrar o que dissemos: "Somos senhores de nosso destino". Por trás dos acontecimentos que nos afetam, há uma questão ainda mais relevante: como reagimos a eles? Quanto tempo demoraremos a entender que, se alguma coisa ocorre e não podemos modificá-la, por mais dolorosa que seja, é porque se trata de algo irreversível e necessário? Dizemos necessário sob o ponto de vista de uma necessidade que supera nossos desejos e tem uma razão de ser ou um propósito mais forte que eles.

Em sua visita à seção "O combustível espiritual", na rádio, o venezuelano Rubén Cedeño, escritor e estudioso de metafísica, soube explicar muito bem este conceito. "O que eu quero também deve estar de acordo com o plano divino." Muitas vezes, as pessoas com mais idade costumam dizer, impotentes em relação a algo que lhes desagrada, uma frase que contém uma interrogação: será Deus que quis?

Quando começamos a compreender para que as coisas ocorrem, para que acontecem conosco, passamos a nos entregar, a moderar nossos desejos e abrandar nosso sofrimento. O Dalai Lama nos fala de diferentes níveis de consciência: se domamos nossa mente, expandimos nossa consciência. Uma mente indomável nos levará a uma existência não iluminada, totalmente alijada do nirvana (estado de paz absoluta).

O budismo considera o sofrimento filho do desejo. Consequentemente, o desejo é a causa do sofrimento. Diferentemente do que poderíamos pensar, diminuir nosso estoque de desejos não nos levará a uma vida infeliz. Pelo contrário. Ao reduzir nossas expectativas, nos concentramos no presente. Não damos tanta importância ao futuro e à ilusão de que tudo melhorará com o passar do tempo. O presente é o único momento que a consciência reconhece. O cantor argentino Gustavo Ceratti intitula uma das canções de sua carreira solo com uma afirmação que resume muito bem esse conceito: "Sempre é hoje".

Viver o maior tempo possível no presente tirará dor e sofrimento de nossas vidas e, paradoxalmente, não viver tão dependentes do futuro nos permitirá alcançar os resultados e metas que vínhamos adiando. Eles chegarão a nosso presente como consequência lógica e não por uma busca obsessiva.

Reduzir nossas expectativas nos fará esperar menos do futuro e gozar plenamente o presente. O processo seria o seguinte: o ego nos torna autoexigentes e dispara expectativas desmedidas dentro de nós. O que conquistamos nunca nos satisfaz e colocamos no "futuro" e na "esperança" o ponto de chegada de nossa realização.

Essas expectativas desmedidas vão "minando" nossa passagem pela vida. Aqueles que se propõem metas como pontos de chegada desconhecem que a felicidade não é chegar, mas sim um permanente ir. E, sendo assim, poderíamos acrescentar: quem chega deixa de ir.

O melhor do caminho espiritual é percorrê-lo. Não há chegada e tampouco um ápice. Não nos iludamos com a suposta recompensa de chegar ao destino. Não se engane com a ideia de que, algum dia, você "chegará". Se existisse uma chegada, significaria que a felicidade deveria ser postergada e cairíamos na ilusão de que a felicidade vem com o tempo, aquela história de que não somos felizes hoje, mas amanhã seremos. Claro que amanhã voltaríamos a adiar a felicidade, em nome de outro amanhã, e assim sucessivamente.

A frase "não deixe para amanhã o que você pode fazer hoje" se encaixa bem neste contexto. A espiritualidade é a consciência de Deus. Não se pode ser consciente do amanhã. Só se pode entrar em ação e estabelecer uma conexão *agora*. O melhor que podemos fazer para o futuro é melhorar nosso presente. Continuar nos enganando com a ideia de que o melhor está por vir e não fazer o melhor hoje só vai gerar frustração e a esperança de uma mudança providencial que o amanhã nunca trará.

Esse "amanhã", em todo caso, dependerá de cada um de nós e da vontade de mudar hábitos que até o momento foram o alimento de nossa neurose, que não é nada mais do que a reiteração de atos que nos levam à infelicidade.

Deus lhe deu a vida. Deu um presente. Deu o dia de hoje. Portanto, viva-o como se fosse o único e faça a sua parte. Reduzir as expectativas não significa conformar-se com pouco. Significa focar-se, hoje, em muito. Uma vez, ouvi dizerem: "Um sonho fora do comum requer uma fé fora do comum". A fé é o contrário da dúvida. É a convicção de que o que vai acontecer será para o bem. Em outras palavras, se alguma coisa acontece, é porque é necessária. Esta frase traz muita paz para quem primeiro fez sua parte, depois aceitou entregar a situação e, finalmente, entendeu que qualquer coisa que acontecesse não estaria exclusivamente em suas mãos.

Poderíamos explicar deste modo: formamos com Deus uma espécie de sociedade, em que Ele tem 51% das ações e nós ficamos com 49%. Participamos das reuniões de diretoria, levamos nossas ideias, propostas e planos (lembremos que nosso sócio nos deu o livre-arbítrio). Algumas propostas terão sucesso, outras precisarão esperar e uma terceira parte jamais será concretizada. Isso foi resumido há muitos anos no ditado: "O homem propõe, Deus dispõe".

Quando falamos de viver o agora, o presente, não estamos defendendo viver tudo agora, mas fazer tudo que deve ser feito neste momento. Em suas pesquisas, os estudiosos do estresse demonstraram que as pessoas mais estressadas são as que vivem escravizadas por dois tempos, o passado e o futuro. Quem vive o presente diminui os medos, conecta-se com o espírito e afasta preocupações desnecessárias.

A soma dos medos – o temor ao futuro, a culpa pelo passado, o não aproveitamento do presente – é alimentada por pensamentos e suposições que não refletem o momento atual.

Em tais circunstâncias, o melhor caminho para enfrentar os temores e a angústia é ter em mente que o que você está pensando não é o que está acontecendo na realidade. Uma coisa é o que está ocorrendo e outra é o que, influenciado pelo medo, você acredita que está sucedendo.

A fé é transformadora. Se eu aceito que o que acontece é para o bem, longe de ficar paralisado, ganho mobilidade. Entretanto, se não tenho fé e passo o tempo inteiro questionando os acontecimentos, torno-me incapaz de agir e transformar a realidade. Atolado na reclamação, acabo encontrando na suposta falta de sorte a resposta para meus sofrimentos. Quem acredita na sorte ou nas coincidências acima do propósito divino ou das relações causais dificilmente consegue se superar, pois atribui tamanha importância ao acaso que possivelmente o converterá em motor de sua vida, conformando-se em esperar a boa sorte.

Na espiritualidade, acreditamos que tudo ocorre para alguma coisa, tudo tem um propósito. Desta forma, se algo bom acontece para uma pessoa, mesmo sendo uma felizarda, ela própria colaborou para que aquilo ocorresse, assim como no caso de alguma coisa ruim acontecer com ela. Neste livro, em mais de uma ocasião explicaremos o processo do carma.

Em seu mais recente livro – *Inspiration, your ultimate calling** –, meu admirado Wayne W. Dyer define a coincidência como um alinhamento de forças que se juntam em harmonia.

Aquilo que muitas vezes chamamos sorte não é nada mais do que uma parte da história que deve ocorrer como elemento funcional à existência de uma pessoa. Trata-se de um episódio causal (isto é, que tem uma causa ou um propósito) e um efeito sobre a vida dessa pessoa.

A maioria das pessoas vê o efeito (João ganhou na loteria, Roberto salvou a vida num acidente aéreo em que todos os outros passageiros morreram, Maria sai com o garoto mais bonito do clube) e não a causa. Ou seja, como se costuma dizer, só vemos a ponta do *iceberg*.

Portanto, não devemos confiar na sorte, nem na boa nem na má. O que devemos fazer é modificar nossos pensamentos para mudar nossos acontecimentos. É imprescindível saber que a mudança não deve ser forçada. Ela simplesmente ocorre.

* Inspiração, seu chamado decisivo (tradução livre).

Há pouco mencionei o doutor Wayne W. Dyer. Seu livro *A força da intenção* foi um divisor de águas em minha vida. Ainda lembro a manhã de um sábado em que tinha brigado com minha esposa e me sentia muito angustiado. Era um daqueles dias em que uma pessoa não suporta a si mesma. Peguei meu carro e, cinco quilômetros depois, parei num centro comercial. Entrei numa livraria e Deus me levou direto à prateleira em que estava esse livro com um título tão instigante. Hoje, enquanto escrevo meu primeiro livro, suspeito que Deus quis que eu lesse aquele antes de me dar a missão de escrever este.

Voltando ao tema da sorte, talvez a parábola mais famosa do jesuíta Anthony de Mello, já falecido, seja "Boa sorte, má sorte". Nela, o autor narra a história de um velho lavrador chinês que havia perdido um cavalo. Quando as pessoas começaram a lamentar o ocorrido, o velho respondeu: "Boa sorte? Má sorte? Quem sabe?". Dias depois, o cavalo volta trazendo consigo uma manada de cavalos selvagens. Os mesmos vizinhos que antes falavam de azar disseram para o lavrador que ele tinha tido sorte, e ele respondeu: "Boa sorte? Má sorte? Quem sabe?". A história prossegue da seguinte forma: ao tentar domar um dos cavalos selvagens, o filho do lavrador quebra a perna. Muitos consideraram então que o episódio simbolizava má sorte, mas o velho replicou: "Boa sorte? Má sorte? Quem sabe?". Alguns dias depois, o exército recrutou todos os jovens do povoado, menos o filho do lavrador, por estar com a perna quebrada. "Boa sorte? Má sorte? Quem sabe?"

Deus nos tira e nos dá. Como diz Steve Jobs, o dono da Apple, você só consegue conectar os fatos olhando para trás. Não podemos ter dimensão do que nos ocorre imediatamente. O que parece muito bom pode ser um desastre e o que parece um problema pode ser o começo de algo muito bom.

Somos nós que geramos a realidade que nos cabe viver.

Muitos anos atrás, Buda falou da influência dos nossos pensamentos em nossas ações, o que poderíamos sintetizar em: somos o que pensamos.

Ao mudar de atitude, você melhora sua aptidão. Atraímos as coisas em que nos concentramos. Se você se concentrar na mudança positiva, ela chegará. Se você se concentrar em seus medos, eles crescerão e terão até motivo para existir. É o que chamamos de profecias autorrealizadas.

Isso ocorre quando os medos se confundem com os desejos. Na realidade, as duas coisas se misturam muito mais do que imaginamos.

"Somos o que pensamos", para o bem (se você imagina uma coisa, pode torná-la realidade; ou, como dizia Walt Disney: "se você sonha, pode ser real") ou para o mal. Os medos se transformam em desejos reprimidos. De alguma forma, acabamos temendo aquilo que desejamos. Muitas vezes nos identificamos com a expressão: "Não quero nem pensar nisso".

Pense sempre o melhor. O universo adere a seus pensamentos, devolve o que você envia. Bons e maus pensamentos são viagens de ida para bons e maus acontecimentos. Não se culpe pelo que você pensa. Tome consciência de seus pensamentos. É o primeiro passo para mudá-los. Quando os maus pensamentos aflorarem, diga a si mesmo que você prefere ficar em paz, que isso não está acontecendo com você e volte ao momento presente. Os maus pensamentos estão relacionados com o passado e o futuro.

Quando nos visitou na rádio, a australiana Isha, agradável mestre espiritual, nos ensinou a abraçar os medos e os maus pensamentos. Devemos dar um abraço de despedida neles e deixá-los ir embora. Paulatinamente, à medida que fizer esse exercício, você verá como os pensamentos sombrios se retirarão para dar lugar aos bons pensamentos e, portanto, aos bons acontecimentos.

O universo se dá conta de nossos pensamentos e entende que, se estamos concentrados em alguma coisa, é porque a desejamos. É por isso que, de tanto pensarmos em certas coisas, acabamos por atraí-las. Os pensamentos são desejos; os desejos se tornam realidade. Pense o melhor.

A mudança é possível e necessária. Vamos renunciar ao ressentimento. Devemos ter em mente que queremos transformar a dor. Evoluir não é ser melhor do que os outros, mas sim melhor do que éramos. Aprendamos a mudar. Não somos nossas crenças e nossos hábitos. Nossas opiniões podem mudar. O que não muda é nossa essência.

Certa vez, Einstein disse: "Não se pode resolver um problema com a mentalidade que o criou". Portanto, para solucionar os problemas que nossa própria mentalidade gera, devemos mudar nossas convicções.

Sabiamente, *O combustível espiritual* afirma: "Se você não gosta dos resultados que tem na vida, mude a natureza dos seus pensamentos". Os pensamentos negativos geram energia negativa que se transforma em doença.

Os pensamentos e emoções têm impacto profundo em nossa saúde física. A única forma saudável e recomendável de "automedicação" é mudar a natureza dos nossos pensamentos.

Assim como naquelas velhas piadas que começam dizendo que têm uma boa e uma má notícia, também quero anunciar neste momento que temos duas notícias. Vamos começar pela ruim: nosso "problema" está dentro de nós. A boa notícia: a solução também.

E agora uma notícia muito boa: nossa felicidade, nossa paz interior e nossa segurança não dependem do que está do lado de fora. E isso é muito bom porque, do contrário, tudo seria muito frágil. De fato, as pessoas que condicionam sua felicidade ao mundo exterior são as que mais sofrem de ciclotimia, altos e baixos e toda a instabilidade de uma vida "ioiô".

A espiritualidade nos afirma que as circunstâncias estão subordinadas a nosso interior e que o processo, portanto, é de dentro para fora. Essa é a sequência.

É provável que até hoje você pensasse que não podia mudar. Mas é possível que, desde hoje, você tenha consciência de que muda em função do que pensa.

Estudos científicos tentaram responder a uma velha pergunta: somos consequência do que é genético, do que trazemos da "fábrica"? O que prevalece: o genético ou o adquirido? O hereditário ou o meio em que nos desenvolvemos?

A resposta atribuiu 90% de influência ao que aprendemos, ao que adquirimos, e os 10% restantes ao nosso DNA. As pessoas que se dedicam a ensinar como combater o estresse costumam dizer o seguinte: o importante não é o que acontece conosco, mas a maneira como lidamos com esses acontecimentos.

Uma teoria com proporções semelhantes à anterior se aplica ao que acontece conosco e à forma como reagimos aos acontecimentos. Dez por cento da nossa vida está marcada pelo que acontece conosco e 90% pela forma como reagimos. Entenda-se que 10% da nossa vida está além do nosso controle e só Deus sabe por que nos chega. Porém, os 90% restantes estão em nossas mãos. Aí, sim, temos o controle. Depende de nós. E com isso voltamos ao ponto de que somos donos da nossa realidade e de como vamos usar o que acontece conosco, a utilidade que vamos dar aos acontecimentos.

As coisas que geralmente consideramos problemas não são mais do que obstáculos que Deus usa para nos moldar. Em outras ocasiões, os supostos problemas são apenas mudanças que, quanto mais resistirmos a elas, mais chances terão de se transformar em verdadeiros problemas. *O combustível espiritual* nos diz: "Os problemas trazem uma mensagem".

Se retomarmos a ideia de Buda de que somos nossos pensamentos, quando pensamos ou acreditamos ter um problema, provavelmente fomos nós mesmos que o criamos. Maimônides, um dos maiores pensadores judeus da história, disse uma vez: "Lá onde você errou existe uma situação semelhante; procure não cair no mesmo erro".

Viemos a esta encarnação para aprender, para evoluir. Com o tempo, aprenderemos que as mudanças não são mais que chamados para nosso despertar. A espiritualidade nos diz que nossa resistência é justamente o que nos enfraquece. Não resistamos à mudança. Não somos só o que pensamos; a felicidade vem da forma como pensamos. *O combustível espiritual* nos diz: "A harmonia só entrará em nós se o pensamento autorizar".

Meu amigo e conselheiro espiritual Gustavo Bedrossian me ensinou que, na vida, percorremos zonas de conforto e zonas de esforço. Há um tempo para as atividades de manutenção e outro para as de crescimento. Nossa existência nos convida, muitas vezes, a escolher entre o conforto e o desafio. Não fique o tempo todo parado: o conforto permanente se torna incômodo. Tudo muda. Não tenha medo. Ainda que você não saiba, quando chegar a hora da mudança, seguramente Deus terá algo melhor preparado.

capítulo 3

Meditação

Todo mundo quer relaxar, mas, como bem explica Osho, o relaxamento só ocorre quando não há um dever. Portanto, é impossível "precisar relaxar".

O relaxamento é incompatível com a obrigação. Por isso, daqui por diante, não diga "preciso relaxar", mas sim "quero relaxar". Pode ter certeza. Você só vai relaxar quando permitir que isso aconteça, quando se render à idéia de relaxar, quando se entregar.

No Ocidente, sempre nos preocupamos em relação aos outros. No Oriente, em relação a si mesmo. É que, em última análise, é disso que se trata: de si mesmo. Em outra parte do livro falaremos sobre isso e ilustraremos com a ótima música do roqueiro argentino Moris "De nada sirve".*

Boa notícia: é possível encontrar a si mesmo através da meditação. A meditação permite que você dome sua mente. Se usássemos a mente apenas quando necessário, poderíamos dar mais utilidade a ela. Quando não fosse necessário, poderíamos apagá-la. Ou seja, meditaríamos.

---

* "Não adianta nada."

No Oriente, a meditação tem tamanha importância que é considerada a religião essencial. Não é preciso nada mais. Todo o resto passa a ser um mero ritual sem essência.

Dê descanso à sua mente. Passe a ser, como recomenda Eckhart Tolle no seu livro *O poder do agora*, observador e testemunha de seus pensamentos.

Quando você começar a meditar, comprovará que, assim como explica Osho, o centro da energia está no umbigo. Não na cabeça ou no coração.

O umbigo é o centro do ser, do sentir.

No umbigo está o centro da existência. Com a meditação, chegamos a experimentar isso. Você terá uma sensação profunda de bem-estar emanando de lá.

Eu me animaria a dizer que, da mesma forma que supostamente nos tornamos independentes de nossas mães no momento em que se corta o cordão umbilical (exemplo tão usado pela psicologia), é no umbigo que, através da meditação, experimentamos uma sensação de prazer insuperável oriunda da percepção de união com nosso criador por meio do que eu chamaria "O invisível cordão divino".

Para ser mais eloquente, sinto que, ao meditar, é como se levantássemos uma tampa localizada no umbigo e a partir daí nos conectássemos com nosso interior. Eu diria que nos conectamos com a profundidade divina.

Como conceito inicial, podemos dizer que a meditação transcendental consiste em fechar os olhos, entrelaçar as mãos, sentar-se, cruzar as pernas de forma que as nádegas repousem sobre os pés, escutar sua respiração e repetir mentalmente um mantra.

Logicamente, pensamentos vão aflorar (há quem estime mil por minuto), mas você deve voltar ao mantra, sentir a respiração, ser consciente dela, e assim repetidamente.

Meditar diariamente, vinte minutos pela manhã e pela tarde, propiciará a ginástica necessária para conhecer nossos tempos e melhorar nossas sensações a cada dia.

Entretanto, como tudo na espiritualidade, não devemos forçar a meditação. Haverá dias melhores e piores. Mas não teremos dias de má meditação. Porque mesmo uma sessão supostamente ruim é melhor do que uma sessão inexistente. Para reforçar isso, Osho diz que não há nada melhor do que uma meditação ruim.

Vou contar minha experiência. Quando tinha 22 anos, estava mal devido a uma relação amorosa que tinha chegado ao fim. Na minha busca, que já havia me levado à psicanálise, fui seduzido por um cartaz em pleno centro de Buenos Aires que anunciava: "Meditação transcendental". Nesse momento, acompanhado de um grande amigo, não fui consciente da ferramenta que Deus estava entregando à minha vida.

Naqueles dias eu vendia brinquedos e com isso pagava meus estudos de jornalismo. Tinha um colega de trabalho, um velhinho encantador, que meditava e falava das maravilhas dessa prática.

Hoje, mais de vinte anos depois, a meditação faz parte da minha vida cotidiana. Não há manhã (ainda que isso signifique levantar meia hora antes, mesmo que eu durma quatro ou cinco horas) em que, às quatro e vinte, eu não esteja meditando antes de ir para a rádio. A mesma coisa de tarde – nos fins de semana, a hora certamente muda.

Posso garantir que o lugar em que o meditador está fica em harmonia. Onde há um meditador, as energias se elevam. Vamos fazer um cálculo: a Argentina tem 40 milhões de habitantes. Se 10% meditassem – ou seja, 4 milhões de pessoas – não tenham dúvida de que nossa realidade seria outra.

No caso dos céticos, perguntem-se por um segundo: o que pode haver de nocivo em meditar? Que mal pode fazer dedicar vinte minutos de cada manhã e de cada tarde para a busca da paz interior?

Meditar é grátis e não contamina. A meditação não é um ritual, não precisa de um lugar específico, não distingue ricos de pobres, negros de brancos, judeus de católicos, mulheres de homens.

Por ocasião de sua visita à seção "O combustível espiritual" da nossa rádio, um instrutor do centro de Meditação Transcendental nos disse: "Orar é falar com Deus, meditar é escutá-lo".

Gostaria de usar este exemplo: meditar é sintonizar a Rádio Deus. Seguindo a analogia, os pensamentos que nos distraem da meditação seriam interferências, mas eles não têm importância, porque, ao continuar meditando, recuperamos o sinal. E isso sem perceber. Do melhor modo, da forma relaxada, a menos forçada. É assim que a inteligência se ativa. É na quietude da meditação que surge a solução dos problemas, a criatividade e a inspiração.

O corpo relaxado é um corpo leve. Quanto mais relaxado estiver seu corpo, mais elevado estará seu espírito. A meditação o ajudará a liberar tensões, a libertá-lo de pensamentos compulsivos, a não dialogar com o ego.

Você verá que as decisões mais sábias não sairão de fato da sua mente. Serão as decisões que você tomar em paz, as mais apropriadas e ao mesmo tempo mais prazerosas.

A meditação permitirá que você seja consciente de si mesmo, da sua voz interior. Lembre-se disso: a sabedoria não é produto do pensamento, mas sim da consciência.

As respostas não surgem de pensamentos febris – "minha cabeça está fervendo" –, mas sim do ato de libertá-las de seu interior.

As pessoas que meditam se conectam com seu ser interior. É no silêncio que encontram Deus e não o temem, pelo contrário. Meditam com fé visionária, não cega, e deixam que um poder maior que eles dirija suas vidas.

Em *Las voces del alma*, Cecília Baraz, minha amiga, afirma: "Quando você não souber o que fazer com sua vida, simplesmente a entregue".

Acompanhar a meditação com atividades como corrida é a melhor combinação possível. É muito pouco provável que um meditador que também corre algumas vezes por semana fique doente.

Quando vou correr, sinto os pensamentos mais úteis fluírem, as ideias mais criativas. Muitas pessoas levam um caderno e uma caneta para anotar o que lhes ocorre no meio da corrida. Outras saem com um pequeno gravador.

É bastante simples explicar por que as pessoas que meditam diariamente e correm com frequência ficam muito menos doentes. A meditação elimina pensamentos negativos. Correr permite que você libere endorfinas e mantenha a imunidade alta. Os pensamentos negativos geram energia negativa. Se ela não for expelida, transforma-se em doença dentro do organismo.

Felizmente, a meditação é cada vez mais bem conceituada no mundo científico. Segundo recente estudo divulgado pelo *New York Times*, a meditação acarreta uma profunda mudança na forma como o cérebro presta atenção. A liberação dos pensamentos obtida por quem medita permite ao cérebro estar mais atento a situações e elementos que mudam rapidamente e aos eventos que ocorrem ao nosso redor.

As pesquisas demonstraram que a meditação é boa para o cérebro (imagine para a alma), já que aumenta a massa cinzenta, melhora o sistema imunológico (disse que os meditadores ficam menos doentes), reduz o estresse e promove a sensação de bem-estar.

No estudo realizado para acompanhar essa pesquisa, provou-se que as pessoas que meditavam habitualmente conseguiam identificar dois números que eram mostrados rapidamente, enquanto as demais pessoas enxergavam apenas um.

Em suma, desfazer-se de pensamentos inúteis, negativos e perniciosos liberta e desanuvia a mente, dando-lhe mais espaço para o fluir inteligente, a criatividade e a inspiração.

Para dar um exemplo, podemos dizer que a mente seria como um disco rígido do qual a meditação retira os elementos inúteis e, consequentemente, insere mais espaço para os dados realmente necessários.

A meditação é a ferramenta fundamental da espiritualidade. É a grande chave para você se conectar com a essência do seu ser.

Se mais gente meditasse, haveria menos pessoas com vícios e as vendas de ansiolíticos e antidepressivos cairiam. Fosse maior o número de meditadores, a droga e o álcool entrariam em decadência, e com isso diminuiriam a insegurança urbana e as guerras entre gangues. Em suma, se mais pessoas meditassem, o mundo seria muito menos hostil.

Quem se conecta consigo mesmo se encontra, se aceita e identifica sua missão na vida, para fazer dela um lugar maravilhoso.

A cantora argentina Fabiana Cantilo destacou numa entrevista o bem que a meditação lhe faz. "Se eu fizesse mais meditação, estaria melhor", afirmou essa artista com um passado de vícios, que agora diz entender qual é sua missão na vida. Ela conclui que as melhores drogas são as que estão dentro do corpo. "Façam ioga, meditem e continuem atuantes." Sua recomendação não difere muito da dos orientais: "Exista e espere. Seja paciente".

Quem medita sente mais e pensa menos. Na realidade, pensa melhor. Quando você medita, doma sua mente. Mas é você que faz isso, e não uma droga, um remédio ou um ser humano supostamente superior ou num grau hierárquico mais alto.

Vamos usar a mente quando for necessário. Quando não for, melhor deixá-la apagada. Ou seja, vamos meditar. Uma mente descansada é uma mente mais ativa e mais útil.

Um estudo publicado em março de 2006 pelo *American Heart Association Journal* mostrou que aprender a relaxar e diminuir o estresse através da meditação transcendental pode reduzir a arteriosclerose e o risco de ataque cardíaco ou acidente cerebrovascular. O trabalho detectou uma queda impressionante no acúmulo de substâncias gordurosas nas pessoas que praticavam meditação transcendental. Os resultados são comparáveis com os obtidos por remédios de última geração que diminuem os níveis de lipídios.

Houve uma redução de 11% no risco de ataques cardíacos e de 8% a 15% no de acidentes cerebrovasculares.

Segundo esses estudos, a peculiar sensação de relaxamento que se experimenta durante a meditação dispara mecanismos de autorreparação fisiológica que levam à regressão da arteriosclerose.

Isto demonstra a eficácia da meditação como método preventivo, sem custos materiais nem os indesejados efeitos colaterais das drogas modernas.

Quem medita não faz isso apenas em seus vinte minutos de meditação, toda manhã e toda tarde. Quem medita acaba estendendo essa condição "meditativa e reflexiva" a todos ou quase todos os atos da vida.

Mais uma vez, e para terminar este capítulo, quero recomendar veementemente a prática da meditação. Trata-se de silenciar a mente e todos os estímulos sensoriais para se conectar com a essência de si mesmo. É estar alerta ao que nos ocorre por dentro e por fora, convertendo-nos em nosso próprio observador e testemunha, sem emitir juízos, controlar ou dar ordens. Medite sobre isso.

capítulo 4

Cuidado com o que você se propõe, porque pode conseguir

Anos atrás, esse era o fio condutor de um bom filme americano chamado *O reencontro*, em que um grupo de amigos voltava a se reunir, depois de vários anos sem se ver, no enterro de um integrante do grupo.

Aos 21 anos, a frase me impactou, mas hoje, com 45, creio que a entendo em toda sua dimensão. É claro que, para a maioria das pessoas, soa paradoxal o alerta de cuidado com a conquista de seus objetivos. Qualquer um diria que, pelo contrário, é preciso ficar atento para não passar pela vida sem ter conquistado as metas traçadas.

Costumamos ser pessoas volúveis. Muitas vezes, o que nos propusemos ontem e conseguimos hoje já não será o que vamos querer amanhã.

Quantas vezes pedimos a Deus alguma coisa e depois, arrependidos, imploramos que a eliminasse de nossa vida. Lembre-se, por exemplo, daquela vez em que você se encantou e ficou até obcecado por um carro ou uma casa. Havia inúmeros sinais que revelavam a inconveniência do negócio: ou o bem a ser adquirido não estava em boas condições, ou os documentos eram suspeitos, ou qualquer outra coisa tornava a situação desconfortável. Se você não pode aplicar o exemplo a uma casa ou a um carro, pense num emprego ou num negócio.

Vários sinais o aconselhavam a não ir adiante, aquilo não era para você. Entretanto, quanto mais indícios se apresentavam, mais você resistia a desistir.

Finalmente você aceitou o trabalho, associou-se àquela pessoa, comprou o carro ou alugou o apartamento. Resumindo: fez uma besteira. Concretizou o que se havia proposto, mas não deixou que as coisas fluíssem. Forçou a situação, se colocou na defensiva. Seu ego o deixou cego e surdo a todos os sinais.

Tudo bem. Já passou, e passou por algum motivo. Não vamos confundir esse exemplo de teimosia e capricho, em que o ego ignora a intuição, com outras situações em que – contra o vento e a maré – um palpite, um pressentimento, o sexto sentido, o que chamaremos a conexão divina, o faz sentir que aquilo é mesmo para você. Seja o carro, a casa, o trabalho, o sócio e, por que não, uma pessoa para ser seu par.

Não se alcança a espiritualidade de maneira forçada. O esforço, que em outros contextos tem tanta validade, aqui é visto como um desperdício inútil de energia.

Isto não é um chamado à preguiça. Pelo contrário. Deus ajuda quem madruga, não os que esperam as coisas caírem do céu. Não foi à toa que o livre-arbítrio nos foi concedido. A decisão é sempre nossa.

Há coisas muito belas na vida, mas nem sempre são para nós. Mesmo tendo dinheiro para comprá-las, às vezes não é o momento. Ou, às vezes, essas coisas não serão nunca para nós. Isso não é uma desgraça. Aliás, não deixa de ser uma boa notícia. Entenda que não ter o que você quer, às vezes (eu diria muitas vezes) é uma sorte.

Saí da casa dos meus pais aos 28 anos. Aluguei um apartamento realmente muito bonito, bem localizado, com vista para o rio. Entretanto, durante minha estada no cobiçado imóvel de três ambientes, as coisas foram de mal a pior.

Angustiado pelo acúmulo de adversidades ocorridas com toda força desde minha chegada ao (sonhado) apartamento, fui ver uma vidente. Nunca esqueci a pergunta que ela me fez: "E quem disse pra você que é preciso viver simplesmente onde se gosta?".

Entenda bem, caro leitor: é claro que é ótimo viver no lugar de que se gosta, mas o importante é não tanto o que uma pessoa literalmente quer, mas o que ela realmente sente.

O fato de poder fazer alguma coisa não significa que se tenha de fazê-lo. Treine sua voz interior. O propósito da nossa vida é trazer à luz o que levamos dentro de nós. Escutemos o nosso interior. Deixemos que um poder maior do que nós – o Espírito Santo, a conexão divina – guie nossa vida. Então saberemos que, se errarmos, teremos uma nova oportunidade de aprender. *O combustível espiritual* não tem dogmas nem representantes de Deus na terra. Não se atormente. Seja consciente de seu erro, perdoe-se e se prepare para uma nova oportunidade.

Hoje em dia, o *marketing* move o mundo dos negócios e cria necessidades de consumo. Constantemente propõe estratégias e planos de negócios – este ano cresceremos 20%, fecharemos a temporada abrindo trinta novas lojas, a estratégia de mercado, etc., etc.

Na espiritualidade, não temos estratégia. Tampouco programamos ou planejamos cada ação. Seguimos nossos instintos, relaxamos – o que significa deixar que as coisas aconteçam. Na espiritualidade, sabemos que não vivemos nada que não nos caiba aprender. De momento a momento, vivemos cada situação com a segurança de que a única coisa que podemos administrar são nossas intenções. E assim, a cada dia, lançamos nossos propósitos ao universo.

Na espiritualidade, começamos cada dia sem estabelecer um embate com as situações. Pelo contrário, nos entregamos a elas e damos o melhor de nós sabendo que, se nossas ações estão de acordo com nossa razão de ser, encontramos sentido na vida.

Não perca mais tempo. É o ego que nos angustia com metas e objetivos, que chamaremos de propósitos externos. O ego nos aponta objetivos e nos submete às ilusões dos projetos a serem realizados.

Começamos este capítulo dizendo: "Cuidado com o que você se propõe, porque pode conseguir". Tenho uma amiga linda, modelo, muito refinada, com olhos que sintetizam o mar mais belo e um corpo que convida a todos os prazeres. Entretanto, está sozinha e se sente sozinha. Sozinha e obcecada. Claro, sua "meta" não foi alcançada. Havia se proposto que, aos trinta anos, estaria casada e com um filho. Agora não só não tem marido nem filho como também, além de sua obsessão, carrega a frustração de não ter alcançado seu objetivo.

Minha esposa estava com a ideia fixa de ser mãe e, logicamente, não ficava grávida. É que ela só pensava nisso, no propósito, no objetivo, na pendência. Não fazíamos amor, tínhamos relações sexuais nos supostos horários de fertilidade. E com regras que, como diria Ricardo Arjona, povoavam nossa cama de pinguins.

Um ato criativo como o de amar convertia-se na busca de um ato produtivo. Ela e eu não éramos amantes no canal fluido da paixão. Éramos operários trabalhando na fabricação de bebês.

Lembro que sugeri que ela esquecesse de tudo, começando pela prolactina alta, e pusesse sua mente para trabalhar em outra coisa. Ela se entusiasmou em organizar uma viagem à neve. Naquele inverno de 1995, íamos esquiar depois de muitos anos. Conclusão: em 11 de fevereiro de 1996, nasceu nosso primeiro filho, Nicolas. Minha esposa ficou grávida antes mesmo da viagem. A neve e o esqui ficariam para depois. Poderiam esperar. As fraldas, não.

Não estabeleça objetivos de muito longo prazo. Não force seu presente. É curioso, não? Quando nos dão alguma coisa, dão um "presente". É que o presente é o tempo mais importante e o único que existe.

Rick Martin, o famoso cantor porto-riquenho que se tornou um ser de profunda espiritualidade depois de experimentar o sucesso exclusivamente material, diz que vivemos presos a duas eternidades, o passado e o futuro. Felizmente podemos escapar dessa armadilha. Vivamos a dádiva de cada dia. Vivamos o presente. Vamos deixar de lado a eternidade do passado com suas culpas e a eternidade do futuro com os medos que carrega.

O cantor argentino Fito Paez, grande compositor, canta: "O importante não é chegar, o importante é o caminho". Concentre-se em suas ações. O resto virá como consequência. Esta postura permitirá que você vá pela vida, como diz Anthony de Mello, com a bagagem leve. Mais livre, com menos apegos. Solte-se e você fluirá.

Adquiramos o equilíbrio entre propósito interno e externo. Chamamos de propósito interno o compromisso com o despertar espiritual, a sensação de que o espírito nos ilumina. É o propósito interno que transforma o propósito externo.

Vou dar um exemplo. O ator Jim Carrey, grande comediante norte-americano, conta que se havia proposto (propósito externo) ser o ator mais popular e um dos mais bem pagos do mundo. "Programou-se" para "triunfar". Durante meses, todas as noites, subiu a famosa colina de Hollywood e, lá do alto, com Los Angeles a seus pés, jurava e gritava que alcançaria seus objetivos. Para reforçar a ideia, enviava para si mesmo cheques fictícios de dez milhões de dólares, como se fossem o cachê de filmes campeões de bilheteria. Meses depois, a fama e o sucesso bateram em sua porta e produções como *O Máscara* transformaram seus sonhos em realidade.

Mas, claro, como dizíamos no começo do capítulo, cuidado com o que você se propõe... Pobre Jim. Seu ego ficou hipertrofiado com os anabolizantes da fama e do dinheiro. A infelicidade e a depressão viraram suas novas sócias. Após um período de escuridão, o ator diz que encontrou a saída na espiritualidade e até planeja escrever um livro sobre sua experiência.

O caso de Jim é parecido com o de milhares de pessoas que estabelecem um objetivo sem saber com que propósito. Nesses casos, costuma-se dizer que é o boi que deve ir na frente dos carros e não o contrário.

Não se pode começar pela consequência; a fama e o dinheiro são causa do efeito e, de fato, Jim começou com o propósito externo. Quis a fruta, mas ficou deslumbrado com a casca.

Lembre-se: todo trabalho deve se basear no entusiasmo (uma espécie de Deus interior e motor da vida) e na inspiração.

A inspiração me permite criar com alegria. É a chave do processo criativo. Eu posso até produzir sem inspiração, mas não posso criar sem ela. A inspiração me conecta com o espírito e me permite criar com alegria. Por isso faço o que gosto, aquilo para o que Deus me escolheu. Faço o que me leva a perder a noção do tempo, o que não abandonaria mesmo se ganhasse na loteria. Porque fazer o que se ama já é como ganhar na loteria. Como consequência, por extensão, virá todo o resto. Como a fama e os milhões, no caso de Jim Carrey.

O que vem de Deus – o dom, o amor, a vocação e a inspiração – vem para ficar. A menos que você fuja de sua missão na vida.

O que vem do ego permanecerá até destruir você. Não é ruim fazer o que se gosta, ganhar dinheiro e ser famoso. Mas lembre-se de qual deve ser a ordem dos fatos.

Tudo chega. Como costuma dizer um colega, o jornalista argentino Mario Mactas: "Ponha a carroça em movimento que os melões se acomodam por conta própria".

capítulo 5

O ego

Este capítulo para mim é fundamental. Enquanto o escrevo, sinto que, se conseguir transmitir com amor os ensinamentos que adquiri sobre esse tema, talvez possa ajudá-lo, e também me ajudar, para que tudo na vida nos custe menos. Para que a gente perca menos tempo e energia em demonstrar que tem razão e que o outro é que está errado. Lembre-se de que é o ego que o leva a crer que você sempre tem razão. O ego faz com que nos levemos muito a sério.

O professor Wayne Dyer soube ensinar-nos muito bem em seu livro *A força da intenção*: é melhor ser feliz do que ter razão.

Quem diz sim ao ego fica cego. Cego de uma cegueira que impossibilita ver além de si mesmo.

Aferrar-se ao ego significa *apego*, um dos sentimentos menos recomendados pela espiritualidade. Lembre-se disso: o ego se alimenta do sofrimento. É como um animal que se nutre de um corpo que dói e não para até que você adoeça e morra.

Você se surpreenderia ao saber como algumas doenças, como o câncer, estão relacionadas com o ego, esse contêiner de orgulho, ira, ódio, obsessão em ganhar e ter razão, impossibilidade de perdoar, de pedir perdão, admitir erros, solicitar ajuda.

Peço que você tenha em mente esta frase: "Reconheça simplesmente que você estava errado e todas as consequências dos seus erros desaparecerão". Sempre, é claro, que o reconhecimento for sincero e não uma mera postura retórica.

O ego, por si só, gera situações viciantes. Leva-nos permanentemente ao campo de batalha, longe de qualquer harmonia. Não perca tempo em dialogar com o ego. Até porque não seria um diálogo, mas simplesmente um monólogo, uma espécie de *rap* massacrante, eterno, que não permitiria que você dormisse, vivesse em paz ou amasse incondicionalmente. O pior que o ego pode fazer é impedi-lo de ser você mesmo.

O ego é um deus falso, que você não deve consultar em suas decisões. Tomar uma decisão com base no ego é a melhor maneira de não tomar uma decisão em paz. Além disso, abre espaço para um diálogo eterno, entre você e o ego, sobre a conveniência da determinação a seguir.

O ego não perdoa e, enquanto você não perdoar, não se verá livre dele. Assim como o ego e o perdão são incompatíveis, o ego e a culpa se dão maravilhosamente bem.

O ego é o senhor impiedoso que o escraviza em cada um de seus movimentos. Ele se apodera de seu destino. Mas, calma, não se desespere. Existe o livre-arbítrio e todos podemos sempre escolher entre o ego e o amor, o ego e a conexão divina.

Quando você experimentar a paz divina, descobrirá que se libertou do ego. Em contrapartida, quando lhe faltar paz interior, descobrirá que, lamentavelmente, se desprendeu da conexão divina.

Isto pode ocorrer inúmeras vezes, mas, se você tem consciência dessa situação, voltará a se conectar com sua espiritualidade, diminuirá seu ego e retomará essa agradável sensação que só a paz interior pode causar.

Osho diz: "A felicidade é o estado de ausência do ego". Você dirá que ninguém é feliz o tempo todo; eu diria que tampouco se pode ou se deve ser infeliz o tempo inteiro.

Quem toca no fundo do poço ressurge, emerge, decide se elevar. Se não é possível ser feliz o tempo todo, que pelo menos a gente tenha à mão a mala de ferramentas que nos permitem obter felicidade.

Quero explicar da maneira mais clara possível: o ego, materializado em orgulho, ira, ressentimento, culpa, inveja e outras coisas do gênero, é tão pesado que impede sua elevação. Essas coisas são a sobrecarga de que você precisa se livrar para levantar voo.

Quando vivemos pilotados pelo ego, não só não levantamos voo como corremos com muito esforço pela pista de nossa existência. Mais de uma vez nos espatifamos. O problema é que não andamos exatamente com pouca bagagem.

Se o que precisamos é nos elevar, o ego nunca permitirá isso. Se não começarmos a nos livrar do peso, das cargas negativas e das energias pesadas, a elevação e a iluminação serão impossíveis. Osho diz: "É preciso espaço vazio dentro de nós para que a luz possa se expandir e preencher nosso ser". Portanto, a iluminação é a consciência no potencial máximo. Já a escuridão é o ego em seu ápice. Quanto maior o ego, mais penumbras e trevas. Quanto maior a consciência, mais luz e energia.

Quando reduzimos nosso ego, nos elevamos. Quando reduzimos nossas cargas negativas, nos aproximamos da luz. O avião pilotado pelo amor é o veículo que Deus escolhe para que você seja dono do seu destino. Você pode escolher: o avião controlado pelo ego, com excesso de bagagem e energias negativas, que nunca levantará voo, ou a nave guiada por Deus, sem escalas na estação do sofrimento, e com destino a seu próprio destino.

Sem dúvida, o ego é muito valorizado. É comum escutar na mídia declarações elogiosas sobre ele, especialmente nas páginas ligadas ao mundo do espetáculo. Frases como: "É bom ter ego; sem o ego não se chega a nada" ou "tem uma personalidade forte e o ego a toda prova".

É verdade que, em maior ou menor medida, todos temos ego. Mas também é verdade que podemos trabalhar para enfraquecê-lo, para dominá-lo e para que não nos domine. Para podermos nos desconectar dele e voltarmos a ser nós mesmos.

Em seu livro *Vivir en la zona*, Julio Bevione assegura: "O único lugar em que você pode realmente ir está dentro de você". Não é para lá que o ego vai levá-lo. *O combustível espiritual* diz: "Seja você mesmo e não tente ser outra pessoa". É que o mundo precisa de pessoas de todos os tipos. Não é verdade que Deus quer que todos sejamos iguais, mas é certo que ele nos ama de maneira igual.

Recomendo esta espécie de exercício. Avalie sua maneira de agir e reagir e responda: estou representando? Estou sendo eu mesmo? Estou fazendo o que sinto? O que me guia nesta reação: a raiva, a inveja, a competição, o despeito? Ou a luz, a verdade e o amor?

Geralmente não damos importância à verdade, mas sim às ilusões que surgem de nossa atração pela culpa e pelo medo. Se tivermos consciência de que não estamos sendo, mas atuando, poderemos voltar a começar, a entregar a situação e pedir ao universo que a verdade entre com toda a força em nossa mente. Dessa maneira, voltaremos a ser pessoa e arquivaremos o personagem.

Podemos dizer que o ego é como um *airbag* que infla automaticamente. Quando você se põe na defensiva, o *airbag* enche e o espírito santo, sua conexão divina, esvazia. Quando seu *airbag* infla, você bate, exatamente como na vida real, mas, nesse caso, você colide com a vida.

É comum confundir-se ego (o que acho que as outras pessoas pensam de mim e que me importa muito) com autoestima (o que eu penso de mim mesmo).

O ego é indiretamente proporcional à autoestima. Quanto menor minha autoestima (me avalio negativamente, não confio em mim mesmo), mais dependo do que os outros dizem de mim: maior ego. Se você vive suscetível à opinião alheia, quando esta não o satisfaz, se coloca na defensiva, infla o *airbag* (ego) e bate.

E assim passamos anos e anos. É como o sistema de fole de um acordeon: quando a autoestima fica pequena, o ego se expande.

Aprendamos a conviver com o ego, esse super-herói, "supereu", que, ao contrário dos outros heróis, só nos trará derrotas. Supõe-se, equivocadamente, que as coisas são melhores para a pessoa que tem um ego grande. Mas, na verdade, ela tem problemas. Vive temerosa, não aproveita o que tem e vive atormentada pelo que os outros possuem. Além disso, tem baixo conceito de si mesma, situação que tenta compensar externamente, mostrando "sua personalidade forte".

Poucos caminhos devem ser mais inúteis e demolidores do que o da busca obsessiva pela aprovação alheia.

Uma boa forma de diminuir o ego e melhorar sua autoestima é compreender que você é filho de Deus, e não o contrário. Que você tem uma missão a cumprir, a qual não foi ditada pelo ego. Que essa missão será cumprida quando você fizer aquilo para o qual o espírito o guia e que tem inspiração divina. E que, inspirado, você é você mesmo e não o que os outros supõem ou o que o ego diz que você deve ser.

O combustível espiritual nos diz que, quanto menos obcecados estivermos em conseguir alguma coisa, mais chances teremos de obtê-la. A aprovação alheia chegará quando você não for atrás dela. "Você será o que tiver de ser – ou seja, um ser espiritual que aceita a si mesmo, ama a si mesmo e que pode aceitar e amar os demais – ou não será mais nada." Nada mais do que um ser atormentado pelo ego, atrás da ilusão do triunfo, do sucesso e da felicidade, sem conexão divina e em combate permanente consigo mesmo.

O ego força as situações. Mesmo que você consiga o que se havia proposto, sentirá que não é suficiente. Em contrapartida, quando você se deixa guiar pelo espírito santo, a vida flui. Não será um mar de rosas, mas você vai se sentir aliviado para entregar a Deus as situações mais complexas (as lições). E vai aprender que o universo atende o modesto e humilha o orgulhoso.

Diminua o ego e você reduzirá suas preocupações. Você vai perceber que a aprovação dos outros não é mais tão importante e, a cada manhã, se levantará se censurando menos.

Quando você prejudicar o outro e tiver consciência disso, pare de se atormentar com o monólogo do ego que dirá que você fez bem, que o outro merecia e que você tem razão. Lembre-se, mais uma vez, que é melhor ser feliz do que ter razão. E eu diria mais: é melhor ter paz do que ter razão.

Na vida, não se deve fazer contas. Essa tarefa não cabe exatamente a nós. O ego é um contador perpétuo: "Se você me dá, eu também dou; se você me ama, eu amo você; se você é legal, eu sou legal". Todas essas frases que dissemos alguma vez tiveram o objetivo de buscar um suposto equilíbrio, mas, paradoxalmente, não é o que acontece.

Na vida espiritual, aprendemos que o equilíbrio é a lei. Fazemos com o outro o que fazemos com nós mesmos. Quanto mais damos, mais recebemos. E tudo o que é recebido será dado.

O combustível espiritual sabe que viemos a esta encarnação para continuar evoluindo, que as dificuldades são parte do processo e que não nos ocorre nada que não tenhamos que viver.

Os seres espirituais não ficam fazendo contas nem se avaliam em relação aos outros. Só se comparam consigo mesmo.

No mundo regido pelo ego, o das contas permanentes, o que prevalece, curiosamente, é o desequilíbrio. E, portanto, os desequilibrados. Vive-se calculando e contabilizando. No entanto, nada parece ser suficiente nem satisfatório. Quanto mais coisas você tem, mais coisas lhe faltam. Fazem-se contas e nunca se alcança o suficiente, porque tudo parte do princípio da carência. No mundo espiritual, as contas não são necessárias. Tudo se compensa. Ninguém deve nada a ninguém, porque tudo considera a abundância do universo.

A mesquinhez do ego gera a carência, a generosidade do amor gera a abundância. O cantor inglês Robbie Williams fez muito sucesso com um disco chamado *The Ego Has Landed*". O ego aterrisou. Talvez tenha sido um pouso forçado, mas muito necessário. A *ego-trip* chegou ao fim. A viagem terminou. A verdade sempre prevalece.

Em seu livro *Um retorno ao amor*, a americana Marianne Williamson, escritora e facilitadora (é assim que costumamos chamar os difusores da espiritualidade, basicamente os que se empenharam na divulgação do livro *Um curso em milagres*) define o ego como uma falsa crença sobre nós mesmos. Uma mentira sobre quem e o que somos de verdade. Pense nisso. Talvez até hoje você tenha vivido enganado. Procurou a felicidade no lugar errado. É como aquela velha piada do bêbado que tenta desesperadamente achar suas chaves na rua. Quando uma pessoa pergunta se foi ali mesmo que ele as deixou cair, ele responde: "Não, mas aqui tem mais luz".

Não seja como o nosso amigo ébrio: procure "suas chaves" onde elas realmente estão e onde, até agora, o ego impediu você de encontrá-las.

capítulo 6
Espiritualidade e religião

Tende-se a confundir religiosidade com espiritualidade, mas na verdade, embora uma contenha a outra, não são a mesma coisa. A espiritualidade é inclusiva, totalmente abrangente. Não exclui, inclui. Não dogmatiza. A espiritualidade é comum a todos os seres e a todas as almas.

Em *O combustível espiritual* nos consideramos seres espirituais vivendo experiências humanas, e não o contrário. A espiritualidade não conhece hierarquias, representantes ou dignatários de Deus na terra.

A espiritualidade não ameaça, não entende Deus como ameaçador. Na espiritualidade, não se impõe o que é certo e o que é errado, porque a espiritualidade não se dá bem com o que é forçado; pelo contrário, é um processo natural de um fluir permanente.

A espiritualidade não escolhe sedes para Deus. Osho afirma: "Um templo sem amor é uma prisão; uma prisão onde haja amor pode ser um templo". A espiritualidade considera que Deus está dentro de cada um de nós e é lá que vai buscá-lo.

A espiritualidade entende que Deus criou o homem à sua imagem e semelhança. Por isso não crê que Deus seja como o homem: julgador e condenador.

Viemos a esta vida para aprender e evoluir. Qualquer coisa que nos acontecer será consequência das nossas intenções, ações, decisões e pensamentos.

Na espiritualidade, quando as coisas não saem como gostaríamos, não entendemos o fato como um castigo divino. Se não conseguimos o que nos havíamos proposto, vamos perguntar se realmente desejamos isso, se realmente precisamos disso, se vai nos trazer paz e, por último, se nos aproxima ou distancia da nossa missão de vida.

Em nome da espiritualidade, ninguém sai por aí matando, declarando guerras ou ameaçando com infernos. Em nome da espiritualidade, só se pode oferecer o céu na terra, que não é nada mais do que a paz interior, estado único e insuperável de bem-estar.

O combustível espiritual nos recorda: "Ninguém tem culpa pelas coisas que acontecem conosco; a verdade está sempre dentro de nós mesmos; não viaje para muito longe para procurá-la". Nunca é demais reavaliar nossas ações, decisões e pensamentos. Antes de agir, pensar e decidir, confirmemos que nossa mente não está separada de Deus, já que, nesse estado, não estabelece vínculos com a conexão divina.

Marianne Williamson afirma: "Nem sempre conseguimos ter uma visão do amor em todas as situações da vida, mas, quando conseguimos, nossa vida funciona maravilhosamente. Do contrário, as coisas ficam travadas".

A espiritualidade e o ser espiritual respeitam todas as religiões. Os trabalhos sobre religiões comparadas não fazem mais que ratificar as coincidências básicas entre elas. Portanto, celebremos o melhor, o essencial de cada religião, mas fiquemos atentos aos dogmas.

Os dogmas surgem do pensamento, não da sabedoria ou do amor divino. Considere isso: o pensamento não pode dar conta da realidade.

Para transmitir uma idéia ainda mais clara sobre religião e espiritualidade, vamos usar o exemplo do futebol, o mais popular dos esportes. As religiões seriam os clubes e a espiritualidade viria a ser a associação de futebol que lhes serve de núcleo. Os torcedores dos times só acompanham e veneram as cores de suas agremiações, assim como os fiéis observam as regras e preceitos de suas religiões. Entretanto, quando os jogadores de seus respectivos clubes integram a seleção nacional, os simpatizantes deixam de lado as cores de seus times e torcem pela equipe de seu país, embora ela contenha jogadores de clubes rivais.

Pois bem, assim como na seleção, a espiritualidade abarca todos os fiéis. Quando um católico, um judeu ou um muçulmano tem febre, um antitérmico baixa a temperatura deles da mesma forma, sem nenhuma discriminação.

A espiritualidade é a religião do amor e das boas intenções. Age como um antitérmico: baixará igualmente a febre de todos os seres em busca de cura espiritual e paz interior.

O combustível espiritual entende que cada dia pode ser mais apaixonante, porque é uma forma de exercitar nosso contato com Deus para que seja cada vez mais frequente e mais consciente. A espiritualidade não limita a conexão com a divindade a uma reza ou uma súplica. A espiritualidade o prepara para estar atento aos sinais e indícios que lhe permitam desenvolver a intuição. Assim, por meio dela, você pode entender o motivo daquilo que lhe está acontecendo.

Todos procuramos Deus, mas caímos na armadilha de procurá-lo fora de nós. Por exemplo, o viciado em drogas ou o alcoólatra não estão buscando nada mais do que a paz interior. A conexão divina. O propósito de sua existência, uma razão para viver, algo que aplaque sua angústia. Mas fazem isso no lugar errado e com a metodologia mais autodestrutiva.

Se existe alguma coisa que nos iguala a todos os seres vivos, é o fato de respirarmos. Lembremos o ensinamento de Osho: "Quando inspiramos recebemos Deus e quando expiramos nos entregamos a Ele".

Beatriz Goyoaga, jornalista espanhola radicada em Buenos Aires, preside na Argentina A Arte de Viver, organização mundial especializada em ensinar a respirar e liderada pelo várias vezes indicado ao prêmio Nobel da Paz Sri Sri Ravi Shankar. Ela afirma que, quando recebemos uma boa notícia, inspiramos, surpresos; damos uma tragada de oxigênio e recebemos Deus. Já quando nos comunicam uma má notícia, expiramos e – mais do que nunca – nos entregamos a Ele.

Devemos aprender que não há religiões superiores, que ninguém é dono de Deus, que Deus não tem domicílio exclusivo. Ele mora dentro de cada um de nós. Não somos seres superiores por acreditarmos estar em contato com Deus. *O combustível espiritual* nos lembra que somos dignos para Deus não pelo que temos, mas pelo que somos.

O medo – lamentavelmente usado com frequência por algumas religiões – é criação do ego e o contrário do amor. Portanto, nada que se relacione com Deus pode se vincular com o medo.

Deus entrará na sua vida naturalmente. Não por ameaças, temores e culpas. É bom lembrar: "O medo está para o amor como a escuridão para a luz".

Ver a luz no outro depende de você, não do outro. Vejamos a luz e vejamos o outro em luz. Sri Sri Ravi Shankar afirma: “Onde há amor, não há medo. O medo é o amor de cabeça para baixo”.

Deus é digno de amor, não de medo. Nenhuma religião, por mais bem-intencionada que seja, deve recorrer à submissão para impor suas regras. As religiões devem ter fiéis, não prisioneiros. O amor deve ser a porta de entrada para toda experiência religiosa. Tudo que não é amor é julgamento.

Em uma entrevista, o ator argentino Boy Olmi disse que, para ele, existem basicamente dois tipos de pessoas: as que procuram evoluir e as que não têm essa preocupação. Concordo totalmente, ainda que, com otimismo, faça uma retificação. Os dois tipos de pessoas são as que procuram evoluir e as que “ainda” não fazem isso.

Creio que, mais cedo ou mais tarde, todos procuram o caminho espiritual e se comunicam com a divindade. Lamentavelmente, existem os que esperam a morte ficar a centímetros de seus corpos para iniciar a busca.

Personagens tão diversos, como Moisés, Jesus, Buda, são Francisco de Assis, Maomé, Gandhi e a madre Teresa de Calcutá, conseguiram, cada um à sua maneira e ao seu tempo, o que todos nós devemos almejar: a iluminação espiritual. Significa que desenvolveram o máximo de seu potencial de luz e amor em sua passagem pela terra, com um legado tão imortal como eles.

Uma vez, minha mestra espiritual Beatriz Berro me ensinou que a palavra Cristo não deixa de ser um termo psicológico. A etimologia vem do grego e significa ungido, aquele a quem aplicavam unguento, como sinal de consagração em uma cerimônia religiosa.

Nenhuma religião tem o monopólio da palavra Cristo. Cristo, me falava Beatriz, é o fio condutor do amor divino, que, por sua vez, é o núcleo e a essência de cada mente humana.

O combustível espiritual nos diz que, quando a nossa mente está separada de Deus, nosso gênio se desvanece e nosso ego se expande. Por isso, os grandes gênios da humanidade foram humildes, "simples canais de Deus".

Rejeitar outra alma usando como desculpa a nossa religião ou a do outro é uma mostra absoluta, contundente e por demais retrógrada de fanatismo. Amor a Deus e fanatismo são absolutamente incompatíveis.

A aceitação de Deus, isto é, a aceitação de sua existência, compreende a aceitação do outro, seja qual for sua religião. É aqui que *O combustível espiritual* nos diz: "Relacionamo-nos com os outros da mesma forma que o fazemos com nós mesmos".

Rick Martin soube, numa entrevista, sintetizar o respeito pela diversidade da seguinte forma: "Deus é muito grande para que exista apenas uma religião".

Respeitemos todas as religiões que não invoquem Deus para matar e que sejam tolerantes com o próximo. Tiremos de cada uma delas o melhor para continuar aprendendo e evoluindo espiritualmente.

Progredimos espiritualmente quando somos compassivos. Paramos de julgar os outros, alcançamos a paz interior e não mais nos importamos obsessivamente se as pessoas nos admiram ou nos criticam. Superamos isso e nos sentimos conectados ao universo.

Acompanhemos os seres de fé, qualquer que seja sua religião. A fé produz milagres, mas entendamos que ela é a crença na grandeza de Deus e não em nossa própria grandeza.

Quero compartilhar com vocês um fragmento do texto que li no meu casamento. Minha mulher e eu somos de religiões diferentes. Por isso decidimos nos casar apenas no civil. Ao não fazer um ritual religioso nem numa igreja nem num templo, fomos nós mesmos que oficiamos uma breve cerimônia, muito emocionante, em nossa festa de casamento. Hoje, tanto tempo depois, me dou conta de que foi muito espiritual.

O livro *Un camino de amor*, de Graciela Busto, uma argentina que relata suas experiências na Índia, reproduz em alguns parágrafos a seguinte reflexão de Sai Baba, que considerei ideal para aquela noite e hoje, treze anos depois, me parece muito propícia a este capítulo sobre religião e espiritualidade.

> Toda a humanidade pertence à religião do homem. Deus é o pai para todos os homens.
>
> Como filhos de Deus único, todos os homens são irmãos.
>
> Todas as religiões proclamam a unidade da divindade e pregam o cultivo do amor universal sem considerar casta, credo, país nem cor.
>
> Os que ignoram essa verdade básica tornam-se orgulhosos devido à sua própria religião e criam grande caos e confusão ao fragmentarem a divindade. Ao tentar limitar ou dividir a divindade infinita em compartimentos tão estreitos, trai-se a divindade.
>
> Uma vez reconhecida a verdade do espírito morador, surge a consciência de que o mundo é uma grande família.
>
> Seja qual for a religião de uma pessoa, todo mundo deve saber cultivar o respeito em relação às outras religiões. Aquele que não tem tal atitude de tolerância e respeito não é um verdadeiro seguidor de sua própria religião.

> Não basta apenas aderir à prática da religião própria. Também é preciso tentar ver a unidade essencial de todas as religiões. Só então o homem poderá sentir a unidade da divindade.
>
> Na esfera da religião não deve existir nenhum tipo de coerção ou obrigação.
>
> Os temas religiosos devem ser tratados com calma e de forma desapaixonada, sem acalentar o sentimento de que a religião própria é superior às dos outros. Dividir os homens baseando-se na religião é um crime contra toda a humanidade.

Logo que o li, esse texto de Sai Baba me pareceu apropriado para aquela noite tão especial. Hoje, que acredito entendê-lo em toda sua dimensão, me agrada comparti-lo com vocês nesses tempos de fundamentalismo religioso, em que as origens de tamanha contradição brilham exatamente por sua ausência.

Repito: vamos respeitar todas as religiões e combater os fundamentalismos da única forma possível: com mais e mais espiritualidade. Devemos lembrar e honrar a origem da palavra *religião*: "religar".

Voltemos a religar. Paremos de desunir os homens.

O caminho espiritual é o caminho ideal para o reencontro de todas as almas. Amém.

capítulo 7

Missão na vida

Nenhum de nós veio a esta vida em vão. Deus nos enviou aqui com um propósito. Sempre devemos lembrar que Deus se expressa através de cada um de nós e que temos o livre-arbítrio para escolher o caminho que queremos percorrer, mais perto ou mais longe de Deus.

Embora algumas religiões julguem certas condutas e pensamentos como pecaminosos e rotulem seus fiéis de pecadores, na espiritualidade se considera que, antes de tudo, o mal que podemos fazer é nos distanciar do espírito divino, mas nem por isso estamos transgredindo ou violando um preceito. O verbo *pecar* se origina em um vocábulo indo-europeu que significa "tropeçar, escorregar".

Assim como podemos nos distanciar de Deus, do espírito santo, do propósito divino de nossa existência, também podemos nos aproximar deles novamente. *O combustível espiritual* não nos ameaça com a ideia de transgressões ou pecados. Simplesmente nos ensina que, em harmonia com Deus e aliados com a nossa espiritualidade, guiados pelo amor divino e domando o ego, nossa passagem por esta vida será mais feliz, mais fluida e nossa missão estará acima de tudo.

Diariamente vemos histórias de pessoas que venceram no mundo do espetáculo e que, no entanto, não conseguem estar bem com sua alma. São homens e mulheres que receberam um dom, mas "fracassaram ao triunfar".

O combustível espiritual nos diz: "Julgue seu sucesso de acordo com o que teve de renunciar para obtê-lo". Jovens saudáveis e bonitos arruínam suas vidas ao se tornarem celebridades milionárias e bem-sucedidas que alimentam diariamente a imprensa sensacionalista com seus escândalos e problemas de vícios que os afundam em um inferno do qual não podem sair até se perderem definitivamente.

Os artistas que deveriam servir de inspiração para futuros atores, cantores, bailarinos, veem sua vida transformar-se em um pesadelo que em nada se parece com o sonho que os impulsionou a "chegar" aonde chegaram. Mais uma vez, o ego se impõe sobre a missão, o propósito interno (o dom concedido) colide com o propósito externo (o ego que mata toda genialidade). É assim que o talento deixa de estar a serviço dos demais e passa a ser devorado pelo falso ser. Produz-se uma verdadeira distorção. Personagens de Hollywood muito em evidência nesses dias, como Britney Spears, Lindsay Lohan e Paris Hilton, poderão confirmar isso com suas atormentadas histórias, pelo menos no momento em que este livro está sendo escrito.

O propósito humano e o propósito divino seguem cada qual o seu rumo e é nesta distância que o ser perde genialidade, se afasta de sua missão de vida e torna-se presa do ego desmedido que o cega e o impede de ver com clareza que, quanto mais longe estiver da fonte, maiores serão seus tormentos.

Se o propósito de nossa existência é dar à luz o que temos de melhor dentro de nós (nosso talento, nossas aptidões, nosso dom), ele fica relegado devido à nossa soberba e ao enorme equívoco de considerar que o "mérito" do sucesso é exclusivamente nosso. É como perdermos conexão com a chama divina, alimento imprescindível de toda a genialidade.

Deus se expressa a partir de cada um de nós (não somos nada mais do que canais de Deus). Ele nos presenteia com um dom, nos ilumina com um talento, mas não para nos tornarmos vaidosos, superiores e orgulhosos.

Deus nos dá seus presentes para que nos aproximemos dele, para que não nos distanciemos. Esta última opção não só significa uma mostra de ingratidão absoluta, como também gera o risco de sermos devorados pelo ego, afundados no vazio, e em seguida procurarmos o lado errado, sejam as drogas, o álcool ou outras formas letais de autodestruição.

A espiritualidade é a ferramenta para retomar o caminho. Os exemplos mencionados antes não embutem uma intenção condenatória nem um juízo de valor. São, na verdade, meros paradigmas de que me valho por se tratar de pessoas conhecidas mundialmente.

Deus nos deu uma missão. Na medida em que a cumpramos e que nossos comportamentos e atitudes nos aproximem do trabalho encomendado, seguiremos no plano da graça divina. Do contrário, por mais que nos doa e que batamos a cabeça contra a parede, se não estamos mais a serviço da missão, Deus não tem por que estar a nosso serviço.

Quando somos conscientes do propósito de nossa existência, nos concentramos nele e percorremos o caminho da transcendência. Cada um de nós tem, basicamente, duas tarefas pessoais: a primeira é descobrir nossa missão na vida; a segunda é realizá-la e com isso nos realizar.

No meu caso, senti minha vocação desde muito pequeno: aos cinco anos já sabia que queria trabalhar na mídia (rádio ou televisão dava no mesmo). Brincava com microfones e fones de ouvido e aplacava minha solidão imaginando que fazia meu próprio programa de rádio. Como era uma criança de família humilde, que até os doze anos não conhecia o mar, sonhava que nos verões fazia transmissões pela televisão direto de Mar del Plata. Alguns anos depois, após concluir a faculdade de jornalismo, iniciei minha carreira nos meios de comunicação, que já dura 22 anos.

Trabalhar no que eu gosto, e ainda por cima viver disso, me faz ser uma pessoa grata, o que sempre digo a Deus. Entretanto, foi apenas há uns três ou quatro anos que entendi que, mais do que seguir minha vocação, o que eu faço a cada dia é cumprir uma missão. Esta descoberta não me fez acreditar que, por causa disso, eu era mais importante. Pelo contrário: me deu uma dose de humildade muito necessária, embora certamente não de todo suficiente.

Eu costumava ser uma pessoa que avaliava cada dia de maneira utilitária. Analisava cada programa por seus resultados e fazia uma avaliação muito subjetiva, sempre baseada no sucesso e supervisionada pelo ego. Isto me dava muita insegurança, incerteza e, sobretudo, muita instabilidade. Hoje, com dias melhores e piores, mas sem uma avaliação cotidiana que me transforme em gênio ou estúpido, sei que vou para a rádio para fazer o bem, para cumprir minha missão na vida.

Sempre serei grato a meu psicólogo espiritual, Gustavo Bedrossian, por me fazer entender isso. Depois de uma breve meditação, toda manhã começo o programa pensando em que posso ajudar, sabendo que tenho alguma coisa para dar e que, em suma, somos a solução para alguma necessidade que o outro tenha.

Já disse isso e vou repetir: todos nós temos um talento e sempre há alguém que necessita dele. *O combustível espiritual* nos diz: "Somos a solução para alguém". Quando soubermos qual é nossa missão na vida – uma vez que entendermos o conceito de serviço e o amor pelo que se faz –, não colocaremos mais nosso ego em jogo em cada situação e deixaremos de estar o tempo inteiro sob seu juízo implacável.

Viver conscientes da nossa missão no presente nos levará a ver a vida com um sentido de transcendência, que é o melhor antídoto contra depressões e sensações de vazio existencial. Trabalhar nessas condições levará você a se preocupar com o que pode contribuir, e não com os resultados que apresenta ou com o que as pessoas falem do seu trabalho. Uma vez escutei uma boa frase para esta questão: "Você honrará seus críticos, respeitará seus detratores pessoais, aqueles que o caluniam, mas não levará muito em conta nenhum deles".

Lembre-se de que, depois de saber com clareza sua missão na vida, você estará muito menos suscetível às críticas, já que sua missão está muito acima delas. *O combustível espiritual* nos diz: "Damos o melhor de nós quando esquecemos a possibilidade de sermos criticados". Muitas vezes, controlados pelo ego, gastamos energia em responder a pessoas que não têm nenhum interesse em nossas respostas.

Perdemos tempo e oportunidade de nos realizar se, em vez de nos concentrarmos na nossa missão, nos concentramos nas críticas alheias.

Se você fizer sua parte com amor, se souber, ou se intuir, que está fazendo aquilo para o que foi enviado, se não tentar prejudicar ninguém, se colocar seu talento a serviço dos outros, pode ficar tranquilo. Você está no caminho certo. Não olhe para os lados. Uma coisa é escutar os outros como forma de conhecer quem você é e quem você quer ser. Outra é querer ser o que os outros querem que você seja.

Vamos acrescentar esta frase a *O combustível espiritual:* "Sua dedicação para alcançar seus propósitos tem de ser mais forte que seu desejo de tranquilizar os outros". A rejeição não é nada mais do que a opinião de outra pessoa. Sua missão na vida e o fato de estar consciente dela o farão entender que a única marca que você tem de superar é sua própria marca e a única pessoa com quem você tem de se comparar é você mesmo.

Quando você estiver fazendo as coisas mal, quando sentir que está se distanciando de seu caminho e desempenhando tarefas que não tenham nada a ver com a missão que lhe deram, Deus o fará saber. Aparecerão indícios de que você tomou o caminho errado. Chegarão sinais correspondentes e serão mensagens muito mais eloquentes do que qualquer crítica.

Costumamos dizer que o processo é de dentro para fora. É imprescindível não confundir a calma e a paz interior de quem faz aquilo para o que foi escolhido e segue seu caminho com humildade da pessoa que age guiada pelo ego, está convencida de sua superioridade, não escuta ninguém e, mesmo que no seu íntimo se saiba equivocada, se aferra a seu capricho e não admite o erro, o que para ela seria uma derrota que poria em risco seu desejo de poder. Maimônides soube explicar isso muito bem com o seguinte paradoxo: "Se o homem renunciasse à sua ambição de poder, ficaria mais próximo de desenvolver seu potencial".

Ao longo deste capítulo, quero retomar o aspecto fundamental desse conceito. A missão está acima do ego. Cada um de nós tem diferentes missões na vida; não nos comparemos. Se entendêssemos isso, passaríamos de situações de competição para ações de cooperação. *O combustível espiritual* nos diz: "Não se meça em relação aos outros. Deus avaliará cada um por seus próprios méritos".

Imaginemos por um instante que a vida é uma autoestrada – como dizia aquele *hit* norte-americano: "Life is a Highway". Pois bem: cada um de nós dirige seu carro por uma pista exclusiva. É uma estrada diferente de todas as que você já viu. Nela, há tantas pistas como carros e é impossível mudar de faixa, já que todas estão cercadas por paredes grossas, razão pela qual não vemos nem sabemos o que ocorre nas outras pistas. Portanto, é impossível se comparar ou competir com os outros motoristas.

Podemos aplicar este exemplo à ideia de realizar uma tarefa sem nos compararmos com os demais. Em cada pista há trabalhos e missões para cumprir. Dependendo do que nos cabe, o combustível durará mais ou menos, sofreremos uma quantidade maior ou menor de acidentes, haverá caminhos asfaltados ou cheios de pedra, mais e menos buracos, dias de chuva, vento contrário, vento a favor, noites escuras, granizo, caminhos à beira de abismos, etc.

No fim das contas, tudo fará parte do aprendizado. Furaremos pneus e aprenderemos a trocá-los; pedirão carona, que daremos ou não; haverá épocas de menor velocidade, outras de maior velocidade e em algum ponto, mais cedo ou mais tarde, nossa viagem será interrompida e a estrada chegará ao fim.

A palavra "missão" vem do latim *missio*, que significa "ação de enviar". Nossa missão na vida, nossa razão de existir neste mundo, é a incumbência que recebemos. Fizeram-nos uma encomenda e em troca dela nos deram a vida. Estamos aqui com uma tarefa encomendada para a qual nos comprometemos no mesmo instante em que concordamos em vir para este mundo. Se honrarmos nosso compromisso com a fonte, viveremos em harmonia, evoluiremos, fluiremos, aprenderemos. Se honrarmos nosso compromisso, não nos distanciaremos de Deus. Do contrário, transitaremos errantes pela vida sem saber o que nos trouxe aqui.

O grande cantor e compositor argentino Facundo Cabral soube expressar isso muito bem: "Quem faz o que ama está abençoadamente condenado ao sucesso, que chegará quando tiver que chegar, como tiver que ser, e virá naturalmente".

Somos menores do que a missão, ou as missões, que teremos de levar adiante. Compreender isto nos fará muito mais humildes e nos poupará de muito sofrimento. Saber qual é a nossa missão na vida e pautar-nos todos os dias em função dela nos ensinará a nos sentir satisfeitos, independentemente do resultado de hoje.

Desde que sei com clareza qual é a missão da minha vida (no meu caso a comunicação), sinto que quero ver minha carreira crescer, e não meu ego. Quem sabe que seu talento foi proporcionado para ser posto a serviço dos outros (Facundo Cabral: "O serviço é uma felicidade segura"), quem tem consciência de que as pessoas que triunfam na vida fazendo o que Deus encomendou aproveitam muito mais o sucesso e o que ele traz consigo pode compreender, definitivamente, que somos expressões divinas através das quais Deus se manifesta. Uma vez li uma frase que explica muito bem esse conceito: "Somos as pernas e os braços de Deus".

Deste modo, ao sermos bem-sucedidos, sabemos que nossa conquista resulta de termos cumprido a tarefa encomendada – ou seja, de não termos feito nada mais do que honrar nosso compromisso e sentir a satisfação de termos realizado o que nos coube. Se encarássemos nossas conquistas dessa forma, não nos sentiríamos superiores a ninguém, não experimentaríamos culpa, já que saberíamos que apenas fizemos o que Deus nos deixou como encomenda. Por outro lado, quando as coisas não saíssem como desejávamos, não sentiríamos inveja da conquista do outro, pois saberíamos que essa pessoa, da sua parte, também está fazendo apenas o que Deus a encarregou. Se absorvermos essa ideia, poderemos compreender que as conquistas são efêmeras se, depois de alcançá-las, não agimos em harmonia com o trabalho designado.

Costuma-se dizer que, para conhecer uma pessoa tal qual ela é, devemos vê-la bêbada, irritada ou bem-sucedida. *O combustível espiritual* nos diz: "A maneira como nos comportamos diante das conquistas próprias ou alheias dirá muito sobre nós mesmos, nossa personalidade e nosso sistema de valores".

Muitas vezes, o sucesso nos deixa acomodados, satisfeitos e inúteis. Felizmente, nem sempre é assim. Há milhares de casos de pessoas que já conseguiram o que se propuseram materialmente e, no entanto, se levantam a cada dia com a satisfação de saber que seu trabalho as espera. *O combustível espiritual* nos diz: "Trabalhe como se não precisasse do dinheiro, dance como se não estivesse sendo observado". Certa vez, Voltaire afirmou: "Aqueles que acreditam que o dinheiro faz tudo acabam fazendo tudo por dinheiro".

O filósofo basco Fernando Savater confessou o seu desejo: "Meu sonho é o de Picasso, ter muito dinheiro para viver tranquilo como os pobres". Basta começar a pensar nos outros e a levá-los em consideração para nos colocarmos a serviço dos demais. É aí que o ego (eu inferior) começa a se enfraquecer e a lei espiritual inicia seu processo virtuoso.

Pense no que você gostaria de ser, no que você faz de melhor, em que se destaca e comece a trabalhar.

Para se ter êxito em sua missão, você não precisa fazer coisas extraordinárias. Basta fazer coisas ordinárias extraordinariamente bem. Depois que estivermos encaminhados em nossa missão, saberemos o que vamos querer. Uma velha música do inglês Joe Jackson soube retratar muito bem essa circunstância com o título: "Você não pode ter o que quer enquanto não souber o que quer". *O combustível espiritual* nos diz: "Para decidir é preciso saber renunciar. Aquele que tudo quer e nada descarta não consegue se decidir".

Quando experimentamos "o chamado" da missão, colocamos nossas forças e talentos a serviço dos outros. Dessa forma, nossa riqueza espiritual e material só se expande, assim como nossa consciência. São Francisco de Assis dizia: "É dando que se recebe".

Se trabalharmos, em benefício dos outros, no que nos foi encomendado, com o espírito concentrado na tarefa, o amor exacerbado e o ego reduzido, a consequência lógica será nosso próprio benefício. *O combustível espiritual* nos diz: "Para extrair o melhor dos outros, devemos nos conectar com eles usando o melhor de nós".

Gostaria de dizer que, uma vez que souber qual é sua missão na vida, será muito pouco provável que meta a colher na panela que não ferve para você. Dito em outras palavras, não perderemos mais tempo nem energia em assuntos que não são para nós.

Quem tem consciência do motivo de sua presença aqui vai concordar com esta frase: "Prefiro fracassar no que eu gosto a me dar bem no que detesto".

Quando falamos de uma missão na vida não nos referimos pontualmente a um trabalho ou um ofício, pois, ao longo da nossa existência, é muito provável que mudemos de profissão ou de emprego. Mesmo assim, podemos desenvolver a mesma missão. Ou, com o mesmo trabalho e a mesma profissão, desempenhar diferentes missões ao longo da vida.

Provavelmente a leitura deste capítulo gere em algumas pessoas uma ansiedade compreensível, por tentar estabelecer qual é sua missão na vida. De todo modo, assim como tudo que é espiritual, isso não deve ser forçado. Pelo contrário, fluirá em nossa direção com sinais inequívocos que não farão mais do que confirmar que "A missão o encontrará quando você estiver preparado, e não antes".

Nos primeiros anos de nossas vidas costumamos atuar em função do personagem que os outros criaram para nós. Esse roteiro e esse personagem podem ser elaborados por nossos pais, avós ou professores. O psiquiatra canadense Eric Berne explica que, felizmente, chega um dia em que o homem decide ser seu próprio roteirista.

Berne dá um exemplo cruel: "As pessoas nascem príncipes e princesas até que seus pais as transformam em sapos". Por mais doloroso e exagerado que soe, não deixa de ser essencialmente um conceito valioso, que resume a pressão que recebemos desde pequenos, mesmo de pais bem-intencionados, na hora de tomar decisões em uma época de nossa vida em que se estabelecem as bases do que será nossa autoestima.

Se passamos de príncipes e princesas a sapos, podemos começar a fazer o caminho inverso no momento em que nos tornamos roteiristas de nossas vidas. Somos conscientes de nossa missão e substituímos o que, consciente ou inconscientemente, nos foi imposto por nossos pais, avós e professores pela encomenda que Deus nos fez.

Em *O combustível espiritual*, dizemos que, mesmo honrando nossos pais, ninguém está obrigado a repetir a história deles, a não ser que opte por isso.

Uma vez li uma história de um pai muito desrespeitoso com seu filho, a quem permanentemente acusava de inútil e incapaz. Várias vezes, frisava para seu herdeiro as diferenças entre um e outro, já que ele, sim, tinha alcançado os objetivos que havia estabelecido para sua vida. Angustiado, o filho resolveu seguir a mesma carreira universitária do pai, mesmo não gostando dela e sentindo de antemão que lhe consumiria um grande esforço, como tudo que fazemos na vida sem amor. Farto das permanentes recriminações sobre sua suposta inutilidade, o jovenzinho se formou e levou ao pai o desejado diploma, suponhamos o de engenheiro. O pai, surpreso, replicou: "Caramba! Até um inútil como você se forma engenheiro!".

O refrão da música de Sting "Englishman in New York" repete: "*Be yourself, no matter what they say*". Ou seja: seja você mesmo, não importa o que os outros digam.

Ser você mesmo é negar o ego, o ser falso (o oposto a ser você mesmo) e buscar em seu interior, na fonte, qual é a sua missão na vida. *O combustível espiritual* nos diz: "Uma vez que você saiba qual é sua missão na vida, terá a bússola que poderá fazê-lo dizer e decidir se o que lhe oferecem ou se apresenta está ou não em harmonia com o que você essencialmente é".

Mas calma. Deus está mais interessado que você cumpra sua missão. Ele se encarregará de retirar os obstáculos, a não ser que considere que já não é tão importante ou se conforme com o que foi realizado até o momento.

Em suma, todos temos uma missão e várias missões. Algumas são fragmentadas e outras são muito pontuais. Cada dia de nossa existência elas se apresentam como necessárias para a totalidade. Descubra quais são. A resposta, como de costume, está dentro de você. Felizmente, ao contrário do famoso filme, não se trata de uma missão impossível.

capítulo 8

A vida é um bumerangue

A milenar arte da Cabala nos ensina que o universo é regido pela lei de causa e efeito (carma): tudo que fazemos, bom ou ruim, volta-se em nossa direção, sempre. Portanto, não nos cabe o papel de vítimas. Somos nós que controlamos e "fazemos" nosso próprio universo. Somos nós que tomamos nossas próprias decisões.

Uma vez, Ernesto Sabato (grande escritor argentino), num diálogo com Jorge Luis Borges (o maior escritor argentino), disse que todos temos nossa própria visão do universo, ainda que precária e incompleta. Pois bem: seguindo esse raciocínio, ou de alguma forma completando-o, poderíamos dizer que todos fazemos nossa própria ação do universo.

A lei do carma poderia ser resumida com clareza da seguinte forma: devemos fazer com os outros tudo que quisermos que eles façam conosco. O que fazemos com o outro fazemos conosco. Nem mais nem menos. Tudo nos é devolvido.

Mesmo que seja algo simples, não podemos pedir o que não damos. Comece por pedir o que você dá. Não duvide do princípio da reciprocidade que rege o universo e que governará sua vida.

O combustível espiritual nos ensina: “Quem dá recebe, quem recebe nem sempre dá”. Se você recebe o que dá, deve dar o que recebe. Dê e esqueça. Dê de coração. O universo premia o doador convicto. Em seu livro *As sete leis espirituais do sucesso*, Deepak Chopra ressalta a inconveniência de dar a contragosto.

O universo nos devolverá o que entregarmos a ele. Se pedirmos alguma coisa, também nos pedirá. Se dermos algo, irá nos devolver. Deseje o melhor para os outros e você receberá o melhor. O que projetarmos em relação aos demais, o universo projetará em relação a nós.

Quando você der alguma coisa, não negocie, não mande a conta, não jogue na cara. Uma velha frase diz: “Quando vestir alguma pessoa que estava nua, não a repreenda por ter andado sem roupas, pois a estaria despindo novamente”. Se for para dar e ficar ressaltando isso para o outro, melhor não dar.

Há um fascinante círculo virtuoso: as boas ações geram boas reações. Comecemos a dar como prova de amor autêntico, e não como investimento. Quando damos por amor, estamos convencidos de nossa ação e não teremos do que lamentar, mesmo que nosso gesto, supostamente, não seja correspondido. *O combustível espiritual* nos diz: “Não queira conservar, não queira possuir, aceite dar e receber tudo”.

Sobre este tema, há uma frase excelente no livro *El maestro y las magas*, de Alejandro Jodorowsky. Diz assim: “Contentamo-nos com um punhado de moedas, sem saber que o dinheiro de todo o planeta é nosso”. Não significa ter uma ambição sem limites, pelo contrário. Quer dizer que devemos abrir a mão sem medo de dar para que, depois, estendidas até o limite, essas mesmas mãos possam receber todo o ouro do mundo.

Quando damos por amor, nos elevamos. O ato de dar nos enaltece. Quando damos com a mão direita, abrimos espaço para receber com a mão esquerda. Os elementos materiais também são energia. A essência da riqueza material é a energia vital, não a energia negativa.

Quando, por exemplo, continuamos comprando roupas e sapatos a ponto de o armário explodir – e ainda assim nos negamos, pelo motivo que seja, a nos desfazer de coisas que não usamos mais, mesmo sabendo que há gente precisando delas com urgência –, o que estamos fazendo é acumular energia negativa que se realimenta prejudicialmente. Não usamos o que é velho – que, aliás, nem sabemos que temos nem por que conservamos – e também não podemos aproveitar o que é novo, pois fica "soterrado" pelas coisas velhas, que ocupam um lugar que torna impossível ver as roupas novas.

A doutora Claudia Noseda, minha amiga tantas vezes convidada para o meu programa de rádio, costuma dizer que deveríamos doar tudo que não usamos há pelo menos um ano. Talvez soe um pouco exagerado, mas a ideia é a mesma: despoje-se, desapegue-se. É hora de saber que a escassez é fruto do ego, não da espiritualidade. O universo é abundante. Porém, podemos comprometer essa abundância com nossa avareza, nosso medo de não ter. Por outro lado, podemos alimentar a abundância e retroalimentá-la constantemente.

Recebemos o que damos. Devemos dar o que recebemos. Não há saldo positivo ou negativo. Na espiritualidade, não fazemos balanços contábeis. Não existem deveres nem haveres. Comece dando o que busca. Esta velha frase jamais perderá a validade: "A caridade começa em casa".

Tempos atrás, o economista John Keynes afirmou: "Não há almoço grátis". Talvez sem querer, soube sintetizar como poucos essa relação permanente entre dar e receber. Os americanos, com a musicalidade única da língua inglesa, resumem isto com a frase: *The most you give, the most you get.*

Quanto mais você dá, mais recebe. Mas não faça disso um negócio, nem use o universo para comprovar o funcionamento da lei cármica. Tudo o que você fizer e der, que seja de forma genuína. Concentre-se na ação e não no resultado dela. Quando damos por amor, sentimo-nos bem. Constatamos que nossa energia se fortalece. Entramos num círculo virtuoso do qual não queremos mais sair.

Quando falamos de dar, não nos referimos apenas ao dinheiro ou a outro bem material. Podemos dar tempo, afeto, escutar alguém que precisa ser escutado, ensinar. Dizem que a paciência é uma árvore de raízes amargas e frutos doces. Falando então de paciência, podemos lembrar outro ditado: "Tudo chega com o tempo...". Na espiritualidade, podemos afirmar: "Tudo volta".

Intitulamos este capítulo "A vida é um bumerangue", porque é uma metáfora sobre o princípio da ação e da reação. Quem fere é ferido. Quem ama é amado. Inúmeras frases ilustram essa ideia. "Não cuspa para o céu." "O feitiço virou contra o feiticeiro."

Poderíamos substituir a figura do bumerangue pela da parede do jogo de *squash*. Batemos forte na bolinha, ela atinge a parede e retorna com força. Se batemos bem, ela volta bem. Se batemos sem jeito, ela volta sem jeito. Se batemos mal, ela talvez não volte nunca.

O bumerangue e a parede do *squash* poderiam dar lugar à figura do espelho. Dizemos que a vida é um espelho.

Somos refletidos em nossas ações e reações. Se temos uma relação ruim conosco, isso se reflete no relacionamento com os outros. No livro *Um retorno ao amor*, Marianne Williamson nos fala um pouco mais sobre essa questão. "Enquanto não fizermos com os outros o que não queremos que façam conosco, estaremos a salvo."

Falávamos em dar o que não usamos mais. Mas há também ocasiões em que damos o que usamos ou o que usaríamos com prazer. Muitas pessoas têm necessidade de dar coisas que usam ou usariam. Sentem que o outro precisa mais.

Uma vez ganhei um automóvel zero quilômetro em um programa de televisão. O veículo teria sido muito útil em minha casa, já que eu e minha esposa dividíamos o carro que tínhamos. Mas senti que aquele carro não era para nós e decidi doá-lo a uma pessoa que há muitos anos administra um lar para meninos de rua. Pouco tempo depois, recebi uma proposta para apresentar um programa na televisão e, em poucos meses, pude comprar um belo automóvel para minha esposa. Enquanto isso, a "destinatária" da doação, minha admirada Mônica Carranza, trocou o carro por uma caminhonete de segunda mão muito útil para seu trabalho de percorrer a cidade recolhendo roupa e alimentos para suas "carinhas sujas", como ela chama os meninos de rua que alimenta, abriga e tranquiliza.

Quando iniciamos o processo de dar, não sabemos até onde podemos chegar com nossas ações. Também não podemos estimar os benefícios em série que nossos atos geram, inclusive para nós. O mesmo ocorre com as atitudes egoístas, que, além de se voltarem contra nós, freiam o fluxo dinâmico de circulação da abundância no universo. Uma vez, uma colega da rádio, Andréa Camarata, disse:

"Quando ferimos alguém, estamos nos ferindo mais do que à outra pessoa".

Doar não é obrigação nem, ao fazê-lo, você será melhor do que os outros. *O combustível espiritual* não nos obriga a nada. Simplesmente nos mostra os caminhos que nos permitirão evoluir, viver em harmonia e gozar a alegria de sermos prósperos, generosos e levar a vida com plenitude.

Cada um de nós deve fazer o que considera mais apropriado. O caminho e as decisões que tomaremos farão parte de um presente que Deus nos deu: o livre-arbítrio.

É bom saber que, se você der de coração, por convicção e não por conveniência, e sem impor condições, o que receberá terá relação com o que doou e será ainda mais abundante. Vale lembrar a expressão: "Que Deus dê em dobro o que você me deseja". Na hora de dar e receber, tenhamos sempre em mente esta afirmação. Deus agirá conosco da forma como agirmos com os outros.

Muitas vezes, a gente diz ou ouve a expressão "o barato sai caro". Por querermos algum ganho, acabamos perdendo tudo. Ou, o que é pior, por não querermos dar o suficiente, perdemos mais do que é necessário. Isso não é azar, mas uma demonstração do que poderíamos chamar de lei de dar e receber.

Todos já cometemos atos miseráveis E não me refiro à miséria do indigente, do mendigo, do marginalizado. Refiro-me à que está presente quando nos apegamos obsessivamente a bens que acabamos perdendo ou estragando por nossa ambição desmedida.

Da mesma forma que contei uma história pessoal sobre doar, também quero relatar um caso ligado ao ato de especular. Assim como na história anterior, há um carro como elemento importante no enredo. Anos atrás, por um descuido, deixei minha filha de poucos meses trancada no meu carro. Estávamos no estacionamento de um centro comercial. Fechei a porta e esqueci a chave dentro. Felizmente ela estava dormindo e não se deu conta da situação. As pessoas que estavam no local sugeriram que eu quebrasse o vidro para tirá-la do carro. Entretanto, acabei não fazendo isso ao ver que minha filha estava bem. Liguei para um chaveiro e pedi que viesse abrir a porta. Com os olhos grudados no bebê e balançando o carro como se fosse um berço, contei os minutos até a chegada do mencionado chaveiro.

Resumindo, tudo ficou bem, minha filha a salvo e o carro intacto. Porém, não me senti em paz comigo mesmo. Algo me dizia que minha atitude tinha sido egoísta. É verdade que, se a situação parecesse arriscada, eu não teria deixado minha filha trancada nem por um segundo. Mas, ainda assim, ter optado pela alternativa que escolhi me fez pensar que havia sido influenciado, num segundo plano, pela preocupação com meu veículo.

Meses depois, o automóvel dessa história seria reduzido a um amontoado de ferros arrebentados. Numa madrugada, a caminho da rádio, um carro colidiu com o meu e só salvei a vida por um milagre. Lição aprendida: quem se agarra a alguma coisa muito provavelmente acaba por perdê-la. Só conservamos o que damos.

Uma famosa estrela do mundo do espetáculo na Argentina, bastante querida e digna desse afeto, trouxe ao país, muito mal assessorada, um luxuoso carro alemão que, por ser destinado a deficientes físicos, tinha isenção de impostos. A economia obtida com a manobra era mínima. Anos depois, a celebridade se divorciaria e o custo da separação seria muito mais alto, na casa de dez milhões de dólares. Hoje, é emocionante vê-la em sua busca espiritual, que fez com que fosse recebida por ninguém menos do que o Dalai Lama, na Índia.

Somos constantemente apresentados a circunstâncias de aprendizado. É disso que se trata a vida. Aprendamos com a mensagem das situações que atravessamos.

A mensagem seria a seguinte: façamos as coisas bem. O universo se encarregará do resto. *O combustível espiritual* nos lembra que podemos agir de outra maneira, mas teremos a obrigação de aguentar as consequências.

O jornalista argentino Guillermo Salatino, especializado em tênis, conta que, em 2002, o tenista Juan Ignacio Chela, seu compatriota, integrava a equipe que disputaria a Copa das Nações, na Alemanha. Mas o atleta ficou doente e foi preciso convocar com urgência seu colega José "Chucho" Acasuso para substituí-lo. Acasuso estava se preparando para o torneio de Roland Garros e teve de abandonar o rigoroso treinamento para se somar à equipe argentina em Düsseldorf.

O tenista viajou e estava pronto para jogar quando Chela se recuperou e quis ir para a quadra, de olho nos US$ 60 mil que ganharia por sua atuação. Seu pai, homem sábio e humilde, fez seu filho compreender que a dignidade valia muito mais do que essa cifra.

O universo tomou nota e, no dia em que escrevo esta história, Chela figura entre os vinte melhores jogadores do mundo. Poucos meses atrás, ganhou a Copa que teve de abandonar em 2002. Entre seus companheiros na façanha, estava José Acasuso. Hoje, aqueles US$ 60 mil parecem muito pouco ante os quase US$ 5 milhões que Chela ganhou somente em prêmios.

O combustível espiritual nos diz: "Se dermos o que buscamos, teremos o que desejamos". Diz Chopra: "A maneira mais fácil de obter o que desejamos é ajudar os outros a conseguirem o que desejam".

Outro velho ditado me vem à mente e me permito usá-lo para dar mais clareza ao conceito: "Hoje por você, amanhã por mim".

Vamos soltar o punho, abrir a mão, dar e esquecer. Dê o que você almeja e encontre o que você procura.

Depois que você começar a dar, inevitavelmente começará a receber, sem interrupção. O processo de dar e receber se torna circular, sem começo nem fim. De todo modo, devemos começar por algum lado. O início fica por nossa conta. Se colocarmos à prova o universo e suas leis, não seremos contemplados, pois não teríamos um gesto amoroso, mas sim condicionado, interessado e especulativo.

Somos nós que devemos aprender. Nós, sim, estamos à prova e não o universo. Para alguns, o aprendizado demandará mais tempo. Uma boa frase para definir isso seria: para algumas pessoas, ficar rico só serve para depois ter medo de empobrecer.

O combustível espiritual nos ensina: "Sejamos generosos sem testemunhas; no fim das contas, na hora de nos avaliar, não haverá testemunha mais objetiva e detalhista do que Deus". Ao contrário do que você acreditou até hoje, o processo é o seguinte: Deus – fonte de toda provisão – é quem dá; você é quem recebe. Para poder conservar o que ganha, você deve oferecer. É importante termos consciência de que nada será conservado por retenção. Quem dá conserva. Quem se aferra a alguma coisa acaba por perdê-la. Lembre-se sempre de que Deus abrirá a mão dele quando você abrir a sua.

O universo conspira a favor dos nossos sonhos, mas ele não se abre às pessoas que não se entregam. Você deve dar para poder receber. Ao dar, abrimos espaço para receber mais. O escritor norte-americano Mark Twain já disse: "Se tivéssemos todas as coisas na vida, onde é que as colocaríamos?".

São seus pensamentos que determinam se suas necessidades serão satisfeitas ou não.

Pensar em termos de carência ou abundância marcará a diferença. Se você pensar sob o ponto de vista da carência, será tomado por medo, preocupação, inveja, ganância, ansiedade. Energias negativas que atrairão o negativo para você.

Se você pensar sob a ótica da abundância, atrairá prosperidade. Ver-se escasso é projetar a escassez para a consciência. Projete a abundância. A provisão divina é fluida e abundante. Não a obstrua com uma consciência estreita. Aceite e agradeça a provisão ilimitada de Deus. A abundância é um rio que jamais seca. Ninguém é dono de nada. Simplesmente administramos o que Deus nos concedeu.

O combustível espiritual nos diz: "Sua riqueza será determinada pela quantidade de pessoas que você servir". Busque seu bem-estar, mas também o do outro. O dinheiro, por si só, nunca fez ninguém rico. Cedo ou tarde, seus atos vão alcançá-lo. Para subir, não faça o outro descer. Em sua lei de correspondência, a metafísica diz que todas as coisas correspondem a outra na existência. Tudo que você fizer pelos outros corresponderá ao que os outros farão por você. É tempo de dar, sem medo e com amor. Haverá o tempo de receber, sem culpas e com gratidão.

capítulo 9

Um pacto com Deus

Ao longo de sua vida, você assinou e vai assinar diversos contratos, mas nenhum deles poderá igualar, em importância e magnitude, o que você estará sempre em tempo de firmar, *O PACTO COM DEUS*.

Creio, sem medo de errar, que tudo que fazemos na vida se passa entre Deus e nós. Repito: tudo. Minha teoria é de que o tempo todo estamos sendo testados.

É como as pessoas que se candidatam a um trabalho e passam por um período de teste: apenas seu desempenho determinará se serão contratadas. Nós seríamos os empregados e Deus (perdoe o exemplo), o chefe. Estamos fazendo um teste na vida, sendo permanentemente examinados, prestando conta do nosso aprendizado e de nossa evolução.

Diariamente Deus nos dá oportunidade de nos comparar, não com os outros, mas com Ele mesmo. Reitero: tudo se dá entre Deus e nós. Nossa relação com o vizinho, com a mulher ou o marido, nossos filhos. Nossas reações, nossas ações, nossos "inimigos", as dificuldades que enfrentamos. Tudo.

Talvez isso seja motivo de angústia para você, mas, na minha humilde opinião, penso exatamente o contrário: é uma forma de ter mais alegria e serenidade na vida.

Não sinta claustrofobia. Não se trata de um *Big Brother* que monitora cada movimento de sua vida para persegui-lo, acusá-lo e expulsá-lo. Não é uma obsessão, como aquele clássico do The Police, "Every Breath you Take", que, longe de ser uma música romântica, fala apenas da fixação de uma pessoa por outra e por cada movimento que faça.

Comece a entender que você não está sozinho, que sua presença aqui tem um porquê, que a toda hora, mesmo nas mais amargas, você tem um aliado onde quer que esteja. Ao contrário do *wi-fi*, esta conexão não cai nunca. Acho que esta é a melhor notícia que se pode dar, e quem diz isso sou eu, que há anos me encarrego de dar notícias.

A literatura, o cinema, a televisão, a ficção em geral, falou muito de quem fez um pacto com o diabo. Lembro do filme em que Elizabeth Hurley encarnava uma diabinha muito sedutora, diante de quem certamente dava vontade de sucumbir. Os Rolling Stones parecem ter assinado a ficha de adesão ao demônio, ainda que, quase cinquenta anos depois de sua estréia, continuem cantando que não obtêm "satisfação", apesar da sua "simpatia pelo diabo".

Não posso assegurar, e nem deveria, que quem não faz um pacto com Deus acaba tendo uma vida infernal. Mas posso falar com certeza que um pacto com Deus é a garantia absoluta de paz e da permanente renovação do desafio de viver. Quem fez um pacto com Deus – e obviamente só com Ele, sem intermediários – pode dar fé (e a palavra aqui cabe como nunca) disso que estou afirmando.

Viver com o discernimento dos nossos atos permite que nossa consciência esteja tranquila. A Cabala (o sistema rabínico que explica o sentido do Antigo Testamento) assegura que o universo é regido pela lei de causa e efeito. O que fazemos, seja bom ou ruim, volta-se em nossa direção, sempre.

Deus já nos escolheu. Não existem "os eleitos de Deus". De certa forma, todos somos. O que existe, sim, são as pessoas que escolhem Deus. Repito: a escolha deve ser sua. Deus já o escolheu. Agora é sua vez. Deus não pode impor nada a você. Seria uma violação do livre-arbítrio.

Não há nada que possa dar mais paz para você do que uma escolha consciente, espontânea. Quando você se sentir assim, vai escolher Deus. Não o escolha por medo ou pela influência ou recomendação de ninguém. Quando for o momento, o seu momento, você escolherá Deus. Nem antes nem depois.

Uma vez que você o escolher, o pacto será o passo seguinte. Digo isso como um amigo espiritual que acompanha seu desejo de evoluir, seu despertar. Trata-se simplesmente disso. Não sou um ditador espiritual.

Alejandro Corchs, filho de desaparecidos, autor do livro *El regreso de los hijos de la tierra*, em que conta sua experiência com índios xamãs para encontrar seu caminho, curar suas feridas e "reencontrar seus pais", explica isso muito bem: "Eu não digo aos outros o que eles têm de fazer. Encontrei o sentido da minha vida e concluí por mim mesmo que nada é casual, tudo tem um porquê. Eu só conto minha experiência com a intenção de compartilhar como curei minhas feridas. Eu não curo ninguém".

Em uma visita à rádio, à seção "O combustível espiritual", meu amigo Guido Spina me ensinou que curar é um estado de consciência que também faz parte do nosso pacto com Deus.

Não curamos as nossas feridas se nos desconectamos do espírito. Curar não é a mesma coisa que melhorar. Nós nos curamos quando somos conscientes das causas e acreditamos estar melhores simplesmente quando os sintomas desaparecem.

O pacto com Deus significa se alinhar com Ele, associar-se a Ele, fazer o que nos cabe, cumprir nossas promessas, entregar-lhe as situações depois de termos feito nossa parte. Acima de todas as coisas, porém, o pacto supõe não fazer aos outros o que não queremos para nós.

O pacto com Deus pede discrição e humildade. Não podemos sair pela vida nos gabando e espalhando alegremente que Deus tem um pacto conosco, como se isso nos transformasse em seres superiores.

No *combustível espiritual*, sabemos que basta fazer alarde de alguma coisa para que ela deixe de ocorrer. Aquela frase tão argentina – "deixa de ser metido!" – se aplica perfeitamente à espiritualidade.

A espiritualidade é a necessidade consciente de Deus. Logo, as pessoas que trilham ou, pelo menos, tentam trilhar um caminho espiritual, sempre fazem um pacto com Deus. A palavra pacto tem origem na ideia de assegurar ou estabelecer a paz. Portanto, as pessoas que fazem um pacto com Deus sem dúvida estabelecem ou asseguram sua paz interior.

Diferente de qualquer outro acordo em que as partes envolvidas têm coisas a ganhar e a perder, esse pacto envolve duas partes em posições bem diferentes. Apenas uma pode tomar a decisão de fazer o pacto, e essa parte é você. Somente uma das partes não tem nada a perder caso o pacto não se concretize: Deus.

A decisão de firmar o pacto é apenas sua, já que Deus, ao dar a vida para você, foi quem iniciou o vínculo.

A partir de agora, vamos listar trinta artigos do pacto que, todos os dias, podemos renovar com Deus. Talvez a quantidade seja arbitrária, mas tenta expressar da melhor maneira as "cláusulas principais" desse vínculo.

1. Deus deu a vida para você. Estamos aqui devido à sua graça divina. Seus pais são muito importantes e o Antigo Testamento afirma que, se você os honrar, tornará sua vida mais longa. Porém, já dissemos que tudo se passa entre você e Deus. Por isso – obrigado, mãe, mas foi Deus quem nos deu a vida.

2. Deus deu uma missão para você cumprir nesta vida. Você está aqui por um propósito divino. Descubra qual é esse propósito o quanto antes.

3. Deus deu um Dom para que você cumpra sua missão. Se você se distanciar dela, ficará sem o Dom. Uma vez, ao participar da seção "O combustível espiritual", na rádio, o famoso cantor argentino-venezuelano Ricardo Montaner, ser de enorme espiritualidade, disse que nascemos com um Dom que Deus nos empresta. Trata-se de um empréstimo, já que não tivemos nenhum mérito para recebê-lo. É como se cada bebê que nascesse recebesse um cheque de 50 mil dólares; o futuro da criança dependerá de como administrar esse dinheiro. Pois bem. Isso acontece com o Dom. Assim como Deus nos dá a vida, nos empresta o Dom para administrarmos. Nosso êxito em nossa missão dependerá de como o utilizarmos.

4. Deus fez você e não o contrário. Ele o fez à sua imagem e semelhança. Podemos tentar imitá-lo. Ele nunca tentará imitar-nos. Deus não julga, não condena. É puro amor, e onde há amor não há julgamento. É nisso que podemos imitar Deus.

5. Deus nem sempre dará o que você pedir. Simplesmente dará o que você precisar. Por mais duro que possa ser ou parecer, Ele nunca nos enviará nada que não nos caiba viver.

6. Deus deu a vida para você e só Ele decidirá quando seu tempo chegará ao fim. Mesmo nos momentos mais duros da existência, tenha em mente o seguinte: "Se você der fim à sua vida antes do tempo, terá de voltar para aprender o que lhe falta". Só vivemos o período que a vontade de Deus determinar.

7. Quem dita o programa de estudos é Deus. Viemos a esta vida para amar e aprender. Quando nos negamos a aprender uma lição de Deus, rejeitamos a forma mais simples de aprendizado e, ao fazer isso, nos inscrevemos em um curso cada vez mais difícil e mais rígido.

Eileen Caddy explica isso muito bem em seu livro *Abrindo portas interiores*. Nele, Deus se pergunta por que os seres humanos se recusam a aprender as lições, tornando suas vidas mais complicadas. E por que não entendem que, com isso, não fazem mais do que retardar sua evolução.

De maneira muito pouco sutil, eu acrescentaria que quem não aprende se ferra. Felizmente, também podemos dizer que sempre se pode tentar de novo. Não vivemos nada que não tenhamos de aprender.

8. O homem propõe, Deus dispõe. A decisão final é sempre de Deus. Foi Ele quem lhe deu o maior presente: a vida. Deus tem um plano para você. Você tem direito de fazer seus projetos, mas o plano principal é o de Deus. Lembre-se: Deus vê tudo. Você, apenas uma parte.

A palavra final é a de Deus. Nós faremos o que pudermos, e com as melhores intenções, mas, no fim das contas, acabaremos tirando o corpo fora. É Deus que vai na frente e decide por nós.

Diante da decisão de Deus, não há apelação. Os milagres existem, mas são decisões divinas, com um propósito que os justifica. Portanto, não há milagres que possam ir de encontro às decisões de Deus e ao plano que Ele tem para nós.

9. Deus ajuda quem se ajuda. Deus se move com as pessoas que se movem. Não podemos invocar um pacto com Deus como justificativa ou desculpa para não fazer nada por nós mesmos, simplesmente à espera da graça divina. A você cabe o trabalho; a Deus, a inspiração. O grande Pablo Picasso disse: "A inspiração te surpreende trabalhando". Faça sua parte, senão Deus não faz a dele.

10. Todos somos filhos de Deus. Ao prejudicar outra pessoa, você atinge a si mesmo, pois está ferindo outro filho de Deus – causando sofrimento a Ele, portanto. Lembre-se de que absolutamente tudo na vida se passa entre você e Deus.

Enquanto tratarmos os outros do mesmo modo como queremos ser tratados, estamos a salvo. Deus agirá conosco da mesma forma como agirmos com os demais.

11. Deus não condena. É o homem que se condena com suas ações. É muito mais simples do que alguns querem nos fazem crer disseminando o medo de Deus.

Deus tem um plano e desejos para nós. Enquanto não quisermos dividi-los com Ele, vamos nos sentir infelizes e condenados. Não é Deus que nos está condenando. É nossa resistência a seu plano que acaba nos castigando.

12. Deus valoriza suas intenções e leva muito em conta suas atitudes. Nunca subestime o poder de seus atos. Com um pequeno gesto, podemos mudar a vida de outra pessoa. Para o bem ou para o mal.

13. Deus dá a quem dá e tira de quem tira. Você colherá o que plantou. Ponha-se a serviço de Deus. Ele já está a seu serviço. Quero que você leve em conta o que nos diz *O combustível espiritual:* "Sua riqueza será determinada pela quantidade de pessoas que você servir".

14. Coloquemo-nos a serviço de Deus, aceitando os outros. Se Deus se pôs a seu serviço, aceita-o e é paciente com você, por que você não faz o mesmo com as outras pessoas? Não se esqueça: quando você trata os outros mal, prejudica mais a si do que a eles.

15. Deus é amor. Portanto, jamais poderia justificar que matem em seu nome nem que se estabeleçam hierarquias entre os seres humanos. Deus também não apoiaria a existência de representantes. Consequentemente, não deveríamos nunca nos sentir superiores em nome de Deus. Nesse preciso momento, estaríamos nos distanciando dele.

16. Felizmente, ninguém que não seja Deus é Deus. Seja humilde. O escritor norte-americano Wayne Dyer explicou isso muito bem no livro *A força da intenção*, com esta frase: "O ego exclui o gênio, e o gênio exclui o ego. Suas aptidões são um presente de Deus; se você pensa que são produto de sua genialidade, está dando o primeiro passo para perdê-las".

Bernardo Stamateas, o bem-sucedido autor do livro *Resultados extraordinários*, disse-me algo muito interessante em sua visita à seção "O combustível espiritual" do meu programa *El Exprimidor*: "Contratam você por sua capacidade e o despedem por sua personalidade".

O ego (disfarçado de personalidade) diminui sua capacidade. O ser humano arruína o ser espiritual. Quanto mais você contém o ego, mais expande seu gênio. Quanto maior a humildade, maior a capacidade para receber Deus. Quanto maior a arrogância, menor o espaço para recebê-lo.

Quando você sacrifica o ego, recebe Deus. Se seu ego (falso deus) é o que prevalece, você diz a Deus que não precisa dele. A crença errônea e enraizada de que você vale por si mesmo não faz mais do que o separar de Deus.

Lembre-se deste princípio: "A missão está sempre acima do ego".

17. Amar a Deus. Além de amá-lo, sem nunca temêlo, a única coisa que podemos fazer com Deus é recebê-lo para nos entregar a Ele. *O combustível espiritual* não nos fala de pecado. Em todo caso, acredita que a pior coisa que o homem pode fazer é se separar de Deus. Quando você se separa de Deus, sai do plano da graça divina.

18. Deus é único e insubstituível. Conte com Ele a qualquer momento. Mesmo quando estiver mais irritado com Ele, não procure um substituto. É impossível clonar Deus. Se você tentou trocá-lo, não se sinta culpado. Deus não o culpa. Nunca é tarde para voltar a Deus e para que Ele se expresse novamente através de nós.

Fique claro, porém, que, quanto mais tempo você demorar – ou, como diz meu amigo Gustavo Bedrossian, "quanto mais tarde cair a ficha" –, maiores serão os custos.

19. Irritar-se com Deus é humano, mas Deus não se irrita com você. Isso não é divino.

Deixar de acreditar em Deus é humano, mas não é possível que Deus deixe de acreditar em você. Não é divino.

A banda inglesa The Mission, que teve seus quinze minutos de fama por volta de 1987, afirmava no começo de uma música: "Eu continuo acreditando em Deus, mas Ele não acredita mais em mim". Como licença poética e jogo de palavras, não deixa de ser interessante. Mas, felizmente, do ponto de vista espiritual, isso é impossível. A dúvida é sempre humana. A fé é divina.

20. Somos canais de Deus. Deus escolhe se manifestar através da sua vida. Somos uma necessidade, talvez para muitos inexplicável, mas sem dúvida uma necessidade da obra de Deus.

Não demore mais. Dê um significado à sua vida. Encontre um propósito. Seja esse canal de Deus para o qual você foi concebido. Seja o que você deve ser. Caso contrário, você não será nada.

21. Deus sabe para que as coisas acontecem. Descubra você também. Em vez do porquê, concentre-se no para quê. Nele está o propósito das coisas. Por mais doloroso que soe, pense: "Se acontece, é porque é necessário". Os obstáculos e barreiras que atravessamos não são nada mais do que a forma de Deus para nos moldar.

22. Deus está mais interessado do que nós em que cumpramos nossa missão. Porém, a decisão de desenvolvê-la é nossa. Não nos boicotemos. Relaxemos. Deus se encarregará do resto e removerá todos os obstáculos. Ele é seu pai e quer que você seja feliz. Mas você também tem que desejar isso.

23. Deus conhece apenas um tempo, o presente. O momento em que você está aqui. Deus não é ansioso. Viva o presente como uma bênção.

Certa vez, ensinaram-me algo muito importante: "Hoje não é nada mais que o dia que ontem o preocupava tanto. É impressionante como o temor ou a ameaça de um fato muitas vezes acaba sendo mais grave que o fato em si". Não se antecipe. A vida é um mistério. Deus nos revelará tudo em seu devido tempo.

24. Deus é seu aliado, seu sócio, seu parceiro. Confie a Ele a situação, o que você considera seus "problemas". Porque, para *O combustível espiritual*, os problemas são apenas "jogos da mente". Transforme seus problemas em meros obstáculos.

25. Deus muda você, Deus não muda. Há alguns anos, o extraordinário filme inglês *Terra das sombras*, com Anthony Hopkins, mostrava esse grande ator como um personagem desolado pela perda de seu amor (Debra Winger, na ficção) e se perguntava o que muda quando rezamos: a decisão de Deus ou a nossa situação?

Não temos poder para mudar Deus. Nossas rezas poderão nos transformar em pessoas melhores. Rezamos e nos aproximamos de Deus. E, ao nos aproximarmos dele, se nossa oração for sincera, estaremos nos preparando para aceitar o desígnio divino. Lembremos uma vez mais que não vivemos nada que não tenhamos de aprender.

26. A palavra de Deus habita o silêncio. Você não a escutará enquanto não se aquietar e calar sua mente. Mas o fato de não escutá-la não significa que Deus não esteja falando com você e lhe mostrando o caminho. Não fique mais desnorteado; você está se perdendo de Deus.

27. Deus tem como meta sua felicidade. Ainda que o sofrimento e a carência o façam sentir-se menos culpado, não é esse o plano que Deus tem para você. Deus o fez inocente, à sua imagem e semelhança. A inocência é divina. A culpa – seu oposto – é uma invenção do homem. Você merece a felicidade. Aprenda a usufruí-la.

28. A consciência é um presente de Deus. Quanto maior a consciência, maior a evolução espiritual e maior a conexão divina. O pensamento é útil e construtivo se

acompanhado de consciência. A consciência é o caminho que o leva à sabedoria.

A espiritualidade requer sabedoria, que significa mais do que inteligência. A falta de consciência torna o pensamento uma carga obsessiva e massacrante que transforma a criatividade numa utopia. Uma pessoa é criativa quando conectada à consciência e a Deus. Ninguém é criativo por forçar o pensamento.

Eckhart Tolle define isso muito bem no livro *O poder do agora*. Segundo o escritor, a criatividade não vem quando estamos pensando, mas exatamente quando deixamos de fazê-lo. Você desconecta sua mente, ativa sua consciência e recebe a inspiração de Deus.

Seja consciente de seus atos e você administrará melhor seus impulsos e tentações. O poder é de quem não reage. Ou seja, de quem consegue controlar a si mesmo, que dessa forma poderá lidar com todas as outras coisas. Se você fizer um balanço de sua vida, verá que todos os atos que acabaram sendo-lhe de grande utilidade foram os que desenvolveram sua consciência. Não é por acaso que, quando se quer desqualificar uma pessoa que cometeu um ato digno de repúdio, usamos a palavra inconsciente para classificá-la.

Em seu livro *El maestro y las magas*, Alejandro Jodorowsky (grande artista e escritor chileno) põe a seguinte frase na boca de um personagem: "Não desenvolver a consciência é cometer uma traição a Deus".

29. Deus o quer amoroso, não temeroso. O medo (o contrário do amor) é humano, não divino. O que é inevitável não deixará de sê-lo se o enfrentarmos com medo. Porém, será uma experiência transformadora se o encararmos com amor.

"Quem se aferrar à vida vai perdê-la; quem entregá-la a Deus vai aproveitá-la a cada instante." Apegar-se obsessivamente a qualquer coisa provocará o efeito contrário ao que deu origem a esse comportamento. A vida, nesse aspecto, não é exceção.

30. Deus quer que você seja você mesmo. Poucas vezes nos mostramos como somos quando queremos ser o que não somos.

Deus lhe deu a vida para que você viva a sua vida, e não a dos outros. Deus lhe deu a vida para que você desenvolva seu dom e cumpra sua missão. Deus lhe deu a liberdade para que você seja o que é. Deus não se conectará com você e você não poderá se conectar com Ele se você não for você mesmo. É como se tentassem se comunicar telefonando para números errados.

Deus tem um plano para a pessoa que você é, e não para a que você acredita ser. Deixe isso com o "deus falso" (o ego). Não devemos parecer. Devemos ser. O que parece padece. O que é se realiza. Somos seres, não pareceres.

Não procure ser outro. Não queira que o outro seja você. Porque, se o outro é como você, quem é como ele? E, se você é como o outro, quem é você?

Dizem que o outro é aquele que vemos em nós. Isso se chama projeção. Ainda que pareça mentira, o ego (o supereu) transforma você num superoutro.

Seja você mesmo e vai viver o que lhe cabe. A verdade não surgirá de outra fonte que você mesmo. Você sempre vai levá-la para todos os lugares. E pensar que você a procurou em toda parte e ela sempre esteve em seu interior. É como aquela piada do paciente que sentia dor em todos os lugares em que apoiava o dedo, mas, na verdade, o que estava doendo era o próprio dedo.

Não deixe sua felicidade nas mãos de ninguém, pois, desta forma, ela nunca será sua. Faça com que a felicidade dependa de você. Esqueça-se de si e será você mesmo.

Eu o convido à expedição mais próxima e mais distante que o homem já tentou e que nem a *National Geographic* pôde documentar: a viagem a seu interior, onde você vai se re-encontrar com sua essência.

O pacto com Deus é muito simples. Ele dá a vida para você e você a aproveita e honra, evoluindo e amadurecendo, entregando-se aos propósitos que Deus tem para sua existência.

Que Deus o ajude e que você se ajude. Faça a sua parte.

capítulo 10

Clique

Quem ler este livro não será mais espiritual pelo simples fato de lê-lo, assim como eu não o serei por tê-lo escrito. A realização disso que você hoje tem em mãos foi precedida pela intenção de melhorar minha vida, de entender o porquê e o para quê deste presente que Deus me deu. Presente que muitas vezes, talvez como você, eu considerava mais um fardo do que uma graça divina

Naqueles dias, eu não entendia, em sua real dimensão, frases como: "Há males que vêm para o bem" ou "quando uma porta se fecha, abre-se uma janela" (que hoje compreendo e levo em consideração). Portanto, ao invés de me tranquilizar e me animar, esses ditos não faziam mais do que me frustrar e me deixar ainda mais ansioso.

O combustível espiritual nos ensina que a espiritualidade anda de braços dados com o fluir e se dá muito mal com comportamentos forçados. Atitudes tomadas às pressas raramente são precisas, e não há nada tão preciso como a ação divina.

Sempre acreditei em Deus, mas, depois dos quarenta, quando comecei a percorrer tranquilamente meu caminho espiritual, passei não apenas a acreditar, mas a me sentir parte dele.

É muito difícil, ou pelo menos pouco frequente, que uma pessoa tome uma atitude na vida se não for movida por alguma razão ou algum episódio importante. Acho que a maioria das pessoas que se sentiram atraídas para a espiritualidade (necessidade consciente de Deus) receberam um impulso depois de tocar no fundo do poço, viver uma grande desilusão, uma perda ou uma rejeição. Pense nisso: não mudamos o que toleramos. Antes de reagir, costumamos esperar até que alguma coisa se torne insuportável.

Algumas pessoas reagem antes, outras depois. O bom da espiritualidade é que nunca é tarde para começar.

Pelo contrário: você não começará seu percurso espiritual nem antes nem depois da hora marcada. Geralmente, a espiritualidade significa uma porta de saída do labirinto do vazio existencial, assim como a filosofia foi a resposta que o homem encontrou à consciência de finitude.

Dizem que são as pessoas abastadas que acabam concluindo que os bens materiais não nos fazem mais felizes. Ou, como diz meu admirado jornalista uruguaio Victor Hugo Morales, que "com a busca de fama, dinheiro e reconhecimento, não se chega a nenhum lugar, quando se chega".

Sêneca disse: "Conheço gente que é tão pobre que a única coisa que tem é dinheiro". Claro, seria possível perguntar: como vou saber se o dinheiro não traz felicidade se nunca fui rico? Mas, se for por essa lógica, você nunca poderá ter certeza de que o veneno é letal, já que, felizmente, nunca se envenenou.

Há ricos infelizes (e os psiquiatras mais caros podem confirmar isso) e pobres felizes. Costuma-se dizer, com sabedoria: "Rico não é o que tem mais, mas o que precisa de menos".

O combustível espiritual nos ensina que o dinheiro e os bens materiais devem ser nossos instrumentos e não o contrário. O universo é abundante. É o homem que, por medo, se programa com uma mentalidade de carência. Se for possível, tenha em mente o seguinte: não é porque o outro está bem que você está mal; não é porque o outro está mal que você está bem. A espiritualidade o isentará de culpa quando você estiver bem e o outro não, assim como o livrará da inveja quando o outro estiver bem e você, não.

Esta frase me parece eloquente: "o invejoso estará sempre mal; o invejado, apenas por um momento".

O que tento explicar é que o vazio existencial e a busca da transcendência são inerentes ao ser humano, independente do volume de sua carteira. Somos seres, não "teres".

Ser espiritual não significa necessariamente ser *hippie* (independente do romantismo e beleza desse movimento iniciado na década de 1960). O ser espiritual pode desfrutar de sua riqueza material sem medo de perdê-la e sem culpas por tê-la gerado. Obteve o que desejava graças ao talento e ao dom que Deus lhe concedeu e do qual é apenas um administrador. Se colocamos nosso talento a serviço dos outros, não fizemos mais do que alimentar o círculo virtuoso da abundante provisão divina, fonte de toda riqueza.

Vamos sepultar o mito de que o ser espiritual não é compatível com a riqueza material. É o ser espiritual que, ao não viver obcecado com o material, acaba recebendo a provisão material necessária. E é o ser terrenal que, obcecado com o material, alimenta o círculo vicioso de desejo e insatisfação permanentes. Existe uma grande diferença entre estar atento às coisas e viver dependente delas.

Todos os que têm riqueza material são espirituais? Não, mas podemos assegurar que as pessoas espirituais conscientes de Deus e da missão que lhes coube na vida desfrutam do que adquiriram sem fazer comparações com o que os outros obtiveram.

A espiritualidade desconhece estratégias e fórmulas. Basta desenvolver seu talento, colocá-lo a serviço de quem precise dele e fazer seu trabalho, por mínimo que pareça, com muito amor.

Neste ponto é bom aprender o que nos diz *O combustível espiritual:* "O universo devolve o que lhe damos, não o que lhe pedimos". Não pressione ninguém a iniciar sua trilha espiritual, não force ninguém a tomar uma atitude. Quando digo ninguém, incluo você.

Se você "ainda" não sente a necessidade, não se sinta culpado nem ansioso. Ainda não terá chegado a "hora marcada". Dizem que ninguém morre na véspera. Podemos usar o mesmo exemplo para o momento certo de fazer a conexão.

Quando nos sentimos vazios, quando sentimos que não podemos dar nada, e que é pouco o que podemos receber, ficamos deprimidos. A espiritualidade tem sido um remédio maravilhoso para a depressão. A pessoa deprimida abandona o olhar egoísta (involuntariamente egoísta), o pensamento de que tudo acontece com ela, e passa a ajudar os outros. E aí que se distancia de seus problemas. A princípio, logicamente, é muito difícil, mas ela acaba encontrando tanta gratidão e alegria que toda a perspectiva de sua vida muda e ela começa a atrair para si o que há de melhor.

As pessoas que dão alegria são as mais procuradas, as mais queridas. Lembre-se de que o ferido fere e o amado ama. Atraímos o que somos. A negatividade atrai mais negatividade.

Voltemos à maior contribuição que o ser humano fez para a espiritualidade: "o vazio". Se um problema é uma "oportunidade disfarçada", temos aqui um exemplo. *Vazio* significa sem conteúdo, e é nesse contexto que se produz a transformação.

O ser humano de pouca ou nenhuma experiência espiritual passa a ser um ser espiritual que vive uma experiência humana. Quando nos sentimos vazios, não acreditamos em nada, mas temos medo de tudo. É o que poderíamos chamar da síndrome do "e daí?". Qualquer coisa ou situação que se apresente a nós perderá seu interesse diante da pergunta: "E daí?". Por exemplo, uma viagem, um trabalho, uma compra, serão submetidos ao "e daí?" da desmotivação, do ser que fica sem conteúdo. Do vazio, ele passa ao desânimo – que não é nada mais que o cansaço –, ao tédio, à repugnância, ao asco.

O grave é que não é só um prato de comida, mas sim a vida como um todo que lhe causa essa sensação de nojo.

O cantor e compositor argentino Moris compôs, nos anos 1960, uma música que descreve como poucas esse asco e esse desânimo. Chama-se "Não adianta nada":*

> Não adianta nada escapar de si mesmo.
> Não adianta nada escapar de si mesmo.
> Podem ficar vinte horas no cinema
> E fumar até morrer.
> Podem sair com mil mulheres;

* De nada sirve (tradução livre).

Podem ligar para os amigos.
Não adianta nada.
Não percebem que não adianta nada
Tocar bateria, acompanhar a siderurgia,
Não adianta, não adianta nada.
De que servem as geladeiras
e máquinas de lavar, televisores,
e carros novos e relações
e amizades e posições?
Se estão podres e cansados
Deste mundo que está podre.
Não adianta, não adianta nada.
Os que vão para o escritório dizem que tudo serve.
Os que fazem música creem que as coisas mais importantes
Não adiantam nada.
Se a pessoa as usa para a solidão interna
Que sempre nos persegue, sempre nos persegue.
Quando estão sós, estão sozinhos mesmo.
Já não há guitarras nem amplificadores.
Estão sozinhos na cama e começam a olhar o teto;
Começam a olhar o teto e no teto não há nada.
Há somente um teto.
O que podem fazer? É muito tarde,
são três da manhã.
Os bares estão fechados, as mulheres dormem,
os cinemas também estão fechados,
não se pode tocar violão
senão o vizinho vai acordar.
O que é que posso fazer? O que é que posso fazer?
Estou sozinho e muito entediado
O que posso fazer? O que é minha vida?
O que é este mundo? O que sou eu?

Vou ficar louco, não sei o que fazer.
Nesse rápido instante percebem
que tudo é uma estupidez.
Quando saem de veraneio e dançam *shake*
Com seus movimentos centro-americanos,
sensualidade fabricada,
tentam conseguir mulheres.
Mas estão vazios e muito podres.
Vamos voltar para a cama, que é um grande lugar
para dormir ou também para trepar.
Quando conseguem, neste mundo difícil,
Cheio de regras.
Mordem o travesseiro de desespero.
Não sabem o que fazer com suas vidas,
tudo fracassou.
Mascaram chiclete, comeram chocolate,
Leram a *Radiolandia*, ligaram para os amigos,
saíram com mil mulheres, gravaram trinta
mil discos,
foram famosos, deram autógrafos,
comeram até explodir, fumaram até
acabar.
E o que resta?
Não resta, não resta, nada resta, nada resta.
Tem uma coisa que serve,
que serve para esta humanidade,
é se dar conta de que nada serve
se a pessoa usa para escapar de si mesmo.
Amigo, te dou um conselho, embora geralmente
eu não dê conselhos.
Tente fazer o teste de parar as maquininhas,
As maquininhas que existem dentro de você

e preste atenção no que acontece
quando você se agarra à solidão e ao tédio.
Não escute discos do Bob Dylan, ou dos Beatles,
Ou dos Rolling Stones ou do Mick Jagger.
Muito silêncio, muito pensar, muito meditar.
Nada de evasão e de pensar
O que está acontecendo comigo?
Se sou inteligente e também intelectual.
Sou bastante inteligente mas estou entediado.
O que está acontecendo comigo?
Eu ainda não sei explicar,
por favor, alguém me diga.
Não consigo sair de mim, estou enclausurado
na minha prisão de carne e osso.
Não consigo sair, não consigo sair.
Vou morrer dentro de mim.
Antes de morrer, eu quero sair,
ver as estrelas, o amor, quero me afogar
e quero sair, quero viver, quero partir
por favor, de mim.
O que posso fazer? Não há nada que se possa fazer.
Você tem que viver, tem que sofrer,
tem que sentir, tem que amar,
tem que se arriscar, tem que jogar,
não pode ter segurança, não pode ter
nenhuma propriedade, tem que jogar,
tem que se jogar, tem que sair
pra que te quebrem a cara, te matem, te pisem.
Tem que amar alguma pessoa.
tem que odiar alguma pessoa.
Ah, o que é que posso fazer? Estou sozinho
e todos passam do meu lado. Ninguém me olha.

ou se me olha é para me trancar.
Estou muito preso.
Não adianta nada escapar-se de si mesmo.

Poderíamos dizer que as crianças nascidas de 1995 para cá são integrantes da geração "clique". Naqueles dias, os bebês chegavam ao mundo com o incipiente fenômeno da Internet.

A famosa frase em inglês *One click away* (a um toque) descreve o cenário que essas crianças encontraram ao chegar ao mundo. A informação que as gerações anteriores – e, em particular, as muito anteriores – levavam uma "eternidade" para achar, passou a estar a apenas um toque dessa nova geração desde que se aproximou de um computador. Qualquer que fosse a demanda, em maior ou menor medida e dentro do razoável, irromperia na tela e, apenas com um toque, o objetivo seria alcançado. É verdade que as pessoas que não são dessa geração também gozam desse privilégio, mas com uma diferença: pelo menos temos lembrança de quando isso não existia.

Depois de me referir à geração clique dos internautas, agora quero falar de outra "geração clique", integrada por milhões de pessoas em todo o mundo, nascidas certamente antes de 1995, e que em muitos casos são os pais, os tios e, por que não, os avôs daquelas crianças de fins do século XX e começos do XXI. Pessoas como você e eu.

A geração clique nascida nos anos 1990 está a um toque da informação desde que faz uso da razão. A outra geração clique está a um toque da transformação.

O *mouse* dessa outra geração clique está no espírito e o *site* que acessa não se encontra em nenhum www. Vamos definir o clique como o momento em que algo velho se rompe para dar lugar ao novo (ainda que o novo estivesse esperando para se expressar através de você desde o seu nascimento) para voltar a nascer e ser você mesmo. Clique e se regenere.

Se cada um de nós está aqui para descobrir seu eu superior – ou seja, sua espiritualidade –, podemos dizer que, quando clicamos, começamos (pelo menos conscientemente) a percorrer o caminho (a trilha espiritual) em direção a essa descoberta.

Um livro de Sri Daya Mata de que gostei muito tem o título ideal para explicar por que finalmente iniciamos essa trajetória. Chama-se *Finding the Joy within You* [Achando a felicidade que está em seu interior].*

Enquanto não são impactadas fortemente por algum acontecimento, a maioria das pessoas não se dá conta de que essa segurança que procuramos no mundo exterior ou material não existe. Assim que comprovamos essa inevitável realidade nos permitimos tirar nossa casca e procurar em nosso interior a segurança que compense a fragilidade exterior.

Diante de uma questão como "para que estamos aqui?", e já nutridos de humildade (o presente mais útil que o fracasso pode nos dar), saímos em busca do propósito de nossa existência, nossa razão de ser. E é nesse contexto que substituímos o porquê pelo para quê.

Pois bem, começamos então a trilhar nosso caminho espiritual, uma estrada que não está isenta de obstáculos (não vamos esquecer: a vida é uma sucessão de supostos problemas e reais soluções), obstáculos que já começa-

* Tradução livre de *Finding the joy within you.*

mos a enfrentar de outra maneira, com outra postura. *O combustível espiritual* nos diz: "O mundo muda quando nós mudamos".

Quando "clicamos", a conexão divina é estabelecida e os possíveis contratempos em nosso caminho apenas retardarão nosso percurso. Obtida a conexão, nunca mais vamos querer voltar atrás.

Antes de "clicar", você vivia entre a culpa do passado e o medo do futuro. Você não tinha paz. Há duas eternidades que nos deixam loucos: o amanhã e o ontem.

Até o momento do "clique", o medo fechava seu coração. E fechar o coração significa destruir a paz interior.

Quando estamos angustiados pelo exterior, sem paz interior, dizemos basta e "clicamos". Conectamo-nos com a divindade e descobrimos que nada na vida acontece sem um sentido e partimos em busca de um sentido para nossa vida.

Certa vez, na rádio, Alejandro Jodorowsky me contou que uma pessoa à beira da morte lhe perguntou qual era o sentido da vida e ele respondeu que, talvez, a única coisa que poderia dizer da vida é que é maravilhosa, que talvez venhamos a mudar e que devemos saber que vamos morrer. Alejandro defende que, salvo no caso dos suicidas, na realidade é o corpo que se nega a morrer, não a alma.

Independentemente de qual for o sentido da sua vida, creio que está relacionado com a missão que você deve desenvolver. Não tenha dúvida de que, quando a descobrir, todo o resto virá como consequência.

Até agora você viveu ao contrário: o exterior era o mais importante. O interior (pelo menos era o que você acreditava) não existia – ou, no mínimo, podia esperar. Você tinha fechado seu coração.

Seu pensamento – ou seja, sua energia – estava baseado na seguinte crença: a única coisa que serve é ter dinheiro e sucesso. Tamanha foi sua obsessão para alcançar essas "metas" que seu pensamento obsessivo só conseguiu afastá-las. E digo afastá-las porque você não as alcançou e, se alcançou, elas não foram suficientes para você.

Vamos falar com clareza: a maioria das pessoas acredita que, se for espiritual, não atingirá seus objetivos, não triunfará na vida, não será bem-sucedida nem milionária. Em função disso, passa grande parte da vida procurando o sucesso, a fama e o dinheiro, e não consegue. E, se conseguir, paga um preço tão alto que acaba devorada pelo ego, que causa a perda de sua saúde e de seus amigos, sua falência e a indiferença das pessoas queridas. Mesmo tendo "atingido seus objetivos", as pessoas sentem que fracassaram na vida. Poderíamos dizer que esse tipo de gente fracassa ao triunfar.

Desse modo, a falta de "sucesso" nos leva ao "fracasso" (como é verdadeira aquela história de que o fracasso e o sucesso são dois grandes impostores). É nesse momento que finalmente nos lembramos do interior e "clicamos".

Poderíamos deduzir que o "fracasso" é o que nos leva ao caminho espiritual e, por conseguinte, à realização do nosso ser interior. Quando encontramos este – ou quando nos encontramos –, iniciamos a tarefa de descobrir qual é nossa missão na vida e aí começa nosso verdadeiro triunfo.

Quando sabemos qual é nossa missão na vida, obtemos a bússola que nos permitirá aceitar ou rejeitar o que nos oferecem. Poderemos avaliar se as coisas com que nos tentam estão em harmonia com o que realmente somos e com nossa missão.

Enquanto não "clicamos", o ego controla nossa vida, o amor é limitado, o coração está fechado e não podemos sair de nós mesmos. Estamos presos, não podemos ir a lugar nenhum. Reitero: não podemos sair sequer de nós mesmos.

Depois de "clicarmos", colocamos nossa missão acima do ego. Recomendo para você um exercício que aprendi de um amigo. Anote em sua agenda ou em um papelzinho (leve-o sempre consigo) o que você acredita ser sua missão na vida. Quando lhe oferecerem um trabalho, por exemplo, ou em alguma outra circunstância, ele servirá de guia para você tomar a decisão correta. A escolha estará em harmonia com sua missão, não com seu ego.

Há um claro paradoxo. Abrimos mão da espiritualidade para que ela não nos "distraia" de nossos objetivos materiais. E, finalmente, quando recorremos à espiritualidade, alcançamos esses objetivos. Isto quer dizer o seguinte: por buscarmos o sucesso material, esquecemos nossa condição de seres espirituais, mas só os seres espirituais conseguem o sucesso material sem sofrer por isso, sem sentir culpas nem medo de perder o que conquistaram.

As conquistas, o sucesso e a riqueza material não trazem felicidade. Mas as pessoas espirituais aproveitam mais suas conquistas e sucessos. São mais felizes.

O mito de que a espiritualidade é incompatível com a riqueza deveria ser sepultado o quanto antes. A espiritualidade é o único caminho que o levará à abundância – primeiro interior, depois exterior – e, contanto que faça parte da missão que Deus tem para você, o dinheiro, o poder e a fama chegarão como consequência.

É de dentro para fora, não o contrário. Não perca mais tempo.

Deus está ainda mais interessado que você no cumprimento de sua missão. Portanto, Ele assumirá a responsabilidade e removerá os obstáculos. A não ser que para Ele já não seja tão importante ou que se dê por satisfeito com o que foi realizado até esse momento.

Em uma entrevista ao jornal *El País*, de Madri, o empresário espanhol Sergio Durany Herzig, fundador de uma importante empresa com centenas de lojas na Europa e mais de mil empregados sob sua responsabilidade, disse:

> Vivemos um momento da história em que a maioria das pessoas, pelo menos no Ocidente, está muito equivocada em relação ao que as fará verdadeiramente felizes.
>
> Nós nos tornamos escravos de trabalhos que não nos preenchem espiritualmente. Este estilo de vida representa a ponta do *iceberg* do mal-estar da nossa cultura. Como um mero mortal, reconheço que a ambição econômica e o afã de reconhecimento me levaram ao lugar onde estou. Por anos usei o trabalho como uma desculpa para fugir da realidade e evitar enfrentar o medo, a insegurança, a ansiedade e o vazio que todos percebemos em nosso interior.

(Como dizia a música: "Não adianta nada escapar de si mesmo".)

Continuemos com o relato de nosso amigo empresário:

> A obtenção de dinheiro, poder e inclusive alguma fama não é nada comparada com a paz interior que emana do seu interior quando você começa a ser dono de si mesmo. Tive que sofrer para compreender isso, mas posso afirmar, e essa é minha grande verdade, que é melhor uma vida emocionalmente estável do que a busca sem sentido de riqueza material.

Quando você chega ao ápice, o ego engorda, a vaidade e a ganância disparam e você se distancia de coisas tão essenciais como a empatia e a sensibilidade.

Maravilhoso testemunho, já que nos fala de empatia. Vamos lembrar o que significa:

Conhecer os sentimentos do outro;
Sentir o que o outro sente;
Responder compassivamente à aflição do outro.

Durany Herzig comentou que, depois do sucesso, pôde compreender, não sem muita dor, o que era melhor para sua vida.

Por último, em referência a “ser dono de si mesmo”, lembremos o que Platão disse: “A primeira e a melhor das vitórias é a conquista de si mesmo”.

Abundância, prosperidade e reconhecimento são presentes que Deus tem para nós. Abrir nossos corações, voltar ao amor, fazer o que nos corresponde, cumprir nossa missão na vida, nada disso nos distanciará desses presentes. Pelo contrário, esses gestos nos deixarão muito mais próximos deles do que podemos imaginar. Só estamos a um “clique” de distância.

capítulo 11

Voltar a Deus (a reconexão)

Creio que muitas pessoas não duvidam da existência de Deus, mas da presença dele em suas vidas. Neste capítulo, vamos tratar da reconexão com Deus, a melhor e única maneira de sentir sua presença de forma consciente, a ponto de os céticos se verem dizendo, em variadas situações, que o que estão vivendo "tem cheiro de Deus".

Não nos conectaremos com Deus se nossa mente estiver saturada de medos e preocupações. *O combustível espiritual* nos diz: "Quando você doma sua mente, expande sua consciência". Paradoxalmente, quanto mais preocupados e temerosos estivermos, mais necessidade teremos de nos conectar com Deus. Porém, quanto mais assustados, menos capazes seremos de prestar atenção a Ele, pois não poderemos nos vincular com nosso ser interior. A mente preocupada gera ruídos e interferências que tornam impossível escutar a Deus.

Quando a mente está no limite, a consciência, totalmente neutralizada, abre espaço para uma busca inútil por uma suposta inteligência. Nesse contexto, a sabedoria se vê impedida de aparecer.

O ego controla a situação e não deixamos entrar a luz que nos permitiria sair da escuridão. Não há iluminação possível quando a mente domina a cena. Se você consegue se distanciar de sua mente e se converter em alguém que a observe, a situação muda por completo.

Neste livro, dedicamos um capítulo à meditação, valiosa ferramenta para um controle apropriado da mente. Pode parecer um jogo de palavras, mas a *meditação*, que só difere em uma letra de *medicação*, foi e será em muitos casos o melhor substituto dos remédios para males como a insônia e a depressão.

Quando você controla sua mente, eleva o espírito e fica em harmonia. Tudo começa a fluir e você consegue a tão desejada conexão com Deus.

Por outro lado, quando é a mente que o domina, ocorre o oposto. Você dialoga com o ego, a fluidez desaparece e o que é forçado vem à tona. Abrimos as portas para a obsessão e entramos sozinhos no labirinto das preocupações, que julgamos terríveis. Até porque nos sentimos solitários demais para poder enfrentá-las.

É nessas circunstâncias que provavelmente nossa única relação com Deus seja um suspiro balbuciante, do tipo "ai, meu Deus", seguido, muito provavelmente, de uma noite de insônia.

A mente é maravilhosa, mas, claro, quando utilizada como nossa ferramenta, e não quando nós somos a ferramenta dela. É algo semelhante ao que nos acontece com o dinheiro ou outras riquezas e obsessões materiais: tudo fica muito melhor quando temos o controle e não quando somos controlados.

Vamos usar o seguinte exemplo: quando nos perguntam se estamos nos sentindo bem, muitas vezes respondemos: "Perfeitamente" – ou seja, perfeita-*mente*. Ou, quando alguma coisa está correta ou é certeira, dizemos:

"Exatamente", ou seja, "exata-*mente* ("mente" indica circunstancial de modo). Na verdade, o que estamos dizendo é que uma mente perfeita ou uma mente exata não é, no terreno da espiritualidade, a que consegue apresentar o maior coeficiente intelectual, mas sim a que podemos domar para expandir nossa consciência, de forma que não nos perturbe em nossa viagem de conexão e iluminação.

Portanto, a "exata" mente virá das mãos da espiritualidade e da sabedoria, da paz interior e da conexão divina. E não de uma maior inteligência.

O combustível espiritual nos ensina a combinar as duas ferramentas que Deus nos deu: Mente e Espírito. As duas podem conviver e formar um casamento maravilhoso, bem diferente daqueles que se tornam escravos da mente e esquecem sua condição de seres espirituais (que é o que somos) vivendo uma experiência humana, e também muito além daqueles que esquecem que, mesmo sendo seres espirituais, estamos vivendo uma experiência humana e por isso precisamos de nossa mente neste mundo (o contrário disto seria um perigoso delírio místico).

A espiritualidade deve ser usufruída pela maior quantidade de pessoas possível. Portanto, deve ser uma prática acessível, e não uma teoria para poucos. A maioria das pessoas deseja sentir a presença de Deus em suas vidas, aumentar sua percepção de Deus.

Todo homem que busca Deus, independentemente de seu credo ou religião, faz parte da grande família espiritual.

Algumas pessoas, com uma visão fatalista ou talvez simplificadora, dizem: "Do pó viemos, ao pó voltaremos". Na espiritualidade, podemos afirmar: "De Deus viemos, a Ele voltaremos". O propósito da vida é a união com Deus, razão pela qual *O combustível espiritual*, sem querer polemizar, contrariar ou sentir-se dono da verdade, não nos fala da existência de seres pecaminosos a ponto de serem queimados no inferno por seus pecados. Pelo contrário: faz-nos entender que sofremos e fazemos os outros sofrerem simplesmente porque nos distanciamos de Deus. Assim como dizemos que o céu na terra é a paz interior, poderíamos entender que o suposto inferno é exatamente o oposto.

Viemos ao mundo pela mão de Deus e é desse contato, dessa mão, desse bem-estar, dessa placidez, que nosso subconsciente sente falta. O processo seria o seguinte: Deus decide nossa chegada ao mundo. Se nos basearmos na re-encarnação, poderíamos dizer que, pela lei da evolução, vamos encarnando várias vezes ao longo de sucessivas existências. O processo vai retardando seu avanço como consequência das nossas ações distanciadas da vontade de Deus. Esse avanço vai ocorrendo paralelamente a nossa evolução espiritual, até nos realizarmos totalmente e nos fundirmos com Deus.

Quando chegamos ao mundo, nosso objetivo é nos reencontrar com Deus. Dele, só temos vagas lembranças em nosso subconsciente e, ainda que a psicologia tenha escrito muito sobre nosso desejo de voltar ao útero materno, *O combustível espiritual* interpreta isso como um permanente *déjà-vu* dessa conexão que acreditamos ter perdido e que, na realidade, nunca foi desfeita.

É nessa circunstância que o homem, graças ao livre-arbítrio (que Deus nos deu para que forjemos nosso próprio destino), inicia uma busca de reconexão que assume as formas mais diversas. Os viciados em drogas, por exemplo, acreditam se re-encontrar com Deus a cada dose, em cada "viagem". Os alcoólatras, em cada taça, em cada gole, em cada brinde. Os tiranos viciados em poder, subjugados pelo ego, acreditam se re-encontrar com Deus a cada ordem que dão – quanto mais absurda e cruel, melhor.

O livre-arbítrio nos permite buscar Deus das mais diferentes formas, ainda que lamentavelmente equivocadas, já que costumamos buscar fora, no "prazer", o que está dentro: a paz interior. Muitas pessoas superaram e superam seus vícios (modos diferentes de enfrentar os medos) quando passaram e passam da busca exterior – seja no vício em drogas, no consumo desenfreado ou no vício em trabalho – para a busca interior.

Mais cedo ou mais tarde, descobriram uma grande verdade: "Somos o templo de Deus. O espírito de Deus mora em nós". Poderíamos dizer e entender que Deus nos deu o livre-arbítrio, que podemos representar como a chave da nossa liberdade para decidir nossas ações e pensamentos, mas também para sermos responsáveis e assumirmos as consequências que nossas ações e pensamentos geram.

Uma vez que entendemos como são as regras e depois de termos trapaceado – sim, trapaceado, porque sabíamos que o caminho não era correto –, começamos a agir de outra maneira.

Quando *O combustível espiritual* fala de trapaça ou usa o termo "correto", não faz isso por uma questão de moral imposta e muito menos com uma intenção dogmática. Não fala do púlpito e tampouco se identifica com categorias tão frouxas e subjetivas como o bem ou o mal. Não impõe. Propõe, flui. Não força. Fala com base no amor e não se aproveita do sentimento do medo. Dá-nos sinais, e não regras obrigatórias, para seguir "o caminho", sem atalhos nem enganos.

Neste livro, entendemos a moral como uma condição do conjunto de faculdades do espírito que se demonstram em valores como a confiança, a alegria e a vontade de não fazer aos outros o mal que não queremos que façam conosco.

Voltando ao que dizíamos acima, depois de procurar Deus fora de nós, entendemos que nem a droga, nem o álcool, nem a ingestão desmedida de comida, nem a compra compulsiva de bens nos aproximam dele. É então que podemos entender que é em nosso interior que o verdadeiro ser habita e onde podemos nos reconectar com Deus, de quem sentíamos falta desde nossa chegada ao mundo.

Uma vez que deixamos de buscar fora, penetramos nossa alma e tornamos realidade o desejo de reunião com Deus. É muito provável que, nesse momento, nos questionemos e digamos frases como: "Como fui bobo, quanto tempo perdi". Ou que a gente se pergunte: "Como não me dei conta antes?".

Não é que sejamos bobos. Acontece que cada um de nós tem seus tempos e processos. É disso, justamente, que se trata. Mas não há motivos para nos preocuparmos. De qualquer jeito, Deus espera a todos. Como já dissemos: de Deus viemos e a Deus voltaremos.

Uma vez que conseguimos sair do "ruído" e encontrar a cada dia um tempo (por que não tentar dedicar uma hora por dia a Deus, seja meditando de manhã e à tarde, seja fazendo ioga ou indo correr para ficar sozinho com Ele), cultivamos a quietude e sentimos que o silêncio nos fala.

Você pode, se quiser, chamar isso de silêncio. Mas, na verdade, é Deus que aproveita o silêncio para que finalmente possamos escutá-lo.

Graças à espiritualidade, passamos da busca exterior de Deus ao achado interior de sua presença. Deixamos de sentir falta desse Deus que tínhamos como mera lembrança de nosso subconsciente para tomar consciência de sua presença e experimentar nossa unidade com Ele.

Embora nos classifiquemos com a denominação de "seres humanos", não deixamos de ser seres espirituais com forma humana. Portanto, é nossa essência que prevalece. Se Deus nos fez essencialmente espirituais, significa que nos deu o poder do espírito. Só encontraremos Deus depois de que recorrermos a Ele, o poder do espírito, e a nenhum outro poder.

É absolutamente lógico, embora alguns ainda creiam que a espiritualidade seja delirante, complexa e inapreensível. Pode ser que alguns sejam assim e falem em nome dela, mas a espiritualidade é uma maravilhosa ferramenta de grande clareza a que todos podemos recorrer em nossa trajetória espiritual, o "caminho" para Deus.

Assim como as pessoas negativas emitem baixas vibrações, não encontram soluções para seus problemas, agravam-nos, negam-se a tomar decisões, gostam de se lamentar e geram energia negativa como um primeiro passo para a doença, as pessoas positivas emitem altas e boas vibrações, atraem o melhor, resolvem seus problemas, tomam decisões, aceitam e acabam entregando as situações como primeiro passo para a espiritualidade.

Uma nova encarnação nos dá a opção de seguir nossa evolução espiritual. Chegamos a este mundo para transcender ou para repetir nossos erros. Tudo o que acontece conosco tem um propósito, e não é quando acontece que compreendemos isso, mas sim quando tomamos distância e temos consciência de que somos os únicos responsáveis por nossas ações e que, definitivamente, o que acontece conosco é fruto dos contratos que firmamos.

Isto significa que somos nós mesmos que preparamos as coisas para que elas ocorram conosco.

Por mais que isso nos chateie, se estamos fartos da repetição de nossos erros e frustrações, não vamos mais nos culpar. Não é com isso que sairemos da estagnação. A primeira coisa que devemos fazer, e de modo sincero, é a seguinte: reconhecer que estávamos errados e todos os efeitos dos nossos erros desaparecerão.

O reconhecimento deve ser autêntico, surgido da convicção, não da mera conveniência. Admitamos sinceramente nosso erro, não para nos aliviarmos ou como uma prova especulativa e supersticiosa. Não tente enganar a si mesmo e você verá como funciona.

Enquanto não nos livrarmos das dissimulações do ego e admitirmos nossos erros, não abriremos espaço para a solução. É muito simples: não pode haver solução para nosso problema se, em primeiro lugar, não reconhecermos que temos um problema.

O combustível espiritual explica da seguinte forma: "A única coisa que nos livra da dor é nos curarmos do que a causa". Vamos dar o primeiro passo. O primeiro passo derruba todas as barreiras. É um gesto de amor e essas barreiras são "as misérias humanas", não somente as dos outros. Quando admitimos nossos erros, damos um primeiro passo "amoroso", que se eleva antes de tudo sobre nossas próprias misérias humanas para dar lugar a nossas riquezas espirituais.

Abandonemos o temor de assumir que estávamos errados. Mostremos aos outros que não os culpamos mais. Entreguemos nossos medos ao Espírito Santo. Não é covardia ter medo. Covardia é não admiti-los.

O combustível espiritual nos oferece um remédio para nossos medos: a entrega. Se nos conectarmos com Deus, nossos recursos serão maiores que nossos medos. O oposto do amor não é o ódio, mas sim o medo. O medo está para o amor como a escuridão está para a luz. Não é uma frase pretensiosa. É possível vencer o medo recorrendo ao amor. Envie amor e o milagre será possível.

O que chamamos *milagre* não é, na espiritualidade, nada mais do que um pensamento amoroso. Você recebe o que dá. O universo devolve o que você dá. Envie amor e você receberá amor. Não atenda aos chamados insistentes do ego. Não tenha medo de fazer o papel de "bobo". Não há melhor maneira de superar os temores. O que enviamos retorna. Perdoe-se pela ideia de ter medo. Permita-se a ideia de enviar amor.

Só conservamos o que damos. Dê amor. Poderia lhe dizer: não tenha medo, Deus está com você. Entretanto, *O combustível espiritual* nos diz: "Se você tiver temores, entregue-os a Deus e siga seus passos". Aceite a vontade de Deus como se fosse a sua.

Não faça o caminho contrário. Não consulte o ego a cada vez que sentir temor. O ego precisa dos seus medos. É ele mesmo que os alimenta para torná-lo refém. Continuar na rota do ego é o contrário de entregar a situação ao Espírito Santo. A vida permanentemente nos apresenta uma bifurcação: dois caminhos se abrem em nosso futuro, o espiritual e o do ego. Quando entramos neste último, ela nos cobra um pedágio – o pensamento obsessivo – e nos leva por um desvio até o comportamento evasivo que nos tira de qualquer caminho. Esse comportamento evasivo nos faz evitar ser o que somos – ou seja, faz com que não queiramos nem possamos estar no agora, o único tempo possível, o tempo da consciência.

Deus nos enviou a este mundo para o qual Ele veio conosco. Não nos lançou em um paraquedas e foi embora. Ele está sempre aí. Somos nós que nos aferramos à crença de sua não-presença. Somos nós que acreditamos que Ele nos abandonou e que só voltará para nos buscar na hora da nossa morte, para nos julgar, condenar e castigar.

Não devemos nos relacionar com ninguém com base no medo. Muito menos com Deus. Vinculemos Deus ao amor. O amor nos permite conquistar as coisas boas da vida. As pessoas "amorosas" se conectam com Deus. As pessoas temerosas temem a Deus.

Deus fala um único idioma, o do amor. As oportunidades, os milagres, as boas-novas, chegam ao correio dos "amorosos". Os "odiosos" vivem esperando a ligação salvadora, a carta providencial, e realimentam o ódio porque nunca chegam. É, na verdade, uma sequência invertida. Estão cheios de ódio e, por isso, não se conectam.

Sinta a presença de Deus. Dê um propósito à sua existência. Talvez você se lembre daquela frase: "Sorria, Deus te ama". Pois bem, não tenha medo. Deus não o odeia. A conexão está em curso: entregue-se, relaxe, deixe que as coisas aconteçam. Deus é entrega, energia, amor incondicional. Ele nos fez à sua imagem e semelhança. Portanto, para se conectar com Ele, Ele deve identificar-se com você. Imite-o e você vai encontrá-lo. A reconexão está em curso. Faça o que lhe corresponda hoje e amanhã você será correspondido.

capítulo 12

Sejam felizes, comprem dólares

Durante muitos anos, encerrei meus programas de rádio com a frase: "Sejam felizes, comprem dólares". Comecei a usá-la por volta de 1989. A Argentina atravessava outra de suas crises recorrentes, o dólar disparava todos os dias e eu vivia angustiado com as dívidas que meu pai tinha contraído na moeda americana. Esperava ansioso a chegada do jornal vespertino (não existia Internet) para checar em quanto a moeda tinha fechado, com uma mistura de resignação e desespero que eu sintetizava naquela frase. O raciocínio era o seguinte: se tivéssemos dólares, ao invés de devê-los, seríamos muito mais felizes em minha família.

Muitos anos depois – para ser mais preciso, doze –, com a crise de 2001, quando o dólar na Argentina deixou de valer um peso e em meses quadriplicou seu valor, muita gente me agradecia por aquela frase, que tinha se transformado no meu bordão. Os ouvintes com quem cruzava na rua se aproximavam e diziam: "Menos mal que te obedeci" ou se lamentavam do contrário.

Admito que, com o passar dos anos, comecei a dizer aquela frase de maneira mecânica, além de prezá-la como própria em um meio em que é sempre muito bom ser identificado com um selo de sua autoria. Por volta de agosto de 2001, quando começaram os rumores de desvalorização e a corrida bancária, por respeito e prudência parei de usar minha frase. Alguns programas de rádio e TV se deleitavam com o drama nacional, transmitindo vaticínios e desejos de calamidade. Nem de longe eu queria me parecer com esses agitadores do desastre, mentores de profecias autorrealizadas.

Em pleno despertar espiritual, em 2003, quando, felizmente, as coisas na Argentina começaram a melhorar, tomei consciência de que a famosa frase poderia voltar a ser utilizada, mas com uma leve (ainda que substancial) modificação: o simples acréscimo de um ponto.

Sim, este sinal podia converter aquela frase ("Sejam felizes, comprem dólares") em uma sentença que deixasse clara a sequência ou o processo do ponto de vista espiritual. Isto é: primeiro ser felizes e depois o resto viria por extensão ou consequência – se é que existia o desejo, neste caso, de comprar divisas.

Daquele quase imperativo "Sejam felizes, comprem dólares", em que ficava decretado, como receita infalível de felicidade, ter dinheiro e cada vez mais dinheiro (já que o valor do que compraríamos teria uma cotação cada vez maior), passei a dizer: "Sejam felizes. Comprem dólares". Essa segunda frase nos convida a ser felizes e, uma vez conquistado o "objetivo", dar-se tempo (esse foi o objetivo do ponto) para comprar dólares ou qualquer outro elemento material que viria como consequência.

Em 2005, depois de vinte anos de carreira na mídia, pude comprar uma casa com churrasqueira, onde costumo reunir meus amigos. No lugar, pendurei dois cartazes: "Sejam felizes. Comprem dólares" e "Deus dará".

Costumo pedir a meus convidados que leiam esses cartazes. Talvez, de alguma maneira, eu esteja lhes dizendo: "Comam tranquilos, Deus dará; sejam felizes e o resto vem por conta própria; bom proveito". Hoje escrevo este livro a apenas alguns metros da churrasqueira e sinto que posso colocar esses cartazes na frente de muitas pessoas. Enquanto isso, me lembro de Pepe, o carpinteiro que talhou em madeira as duas frases, e penso em encomendar um terceiro cartaz que deverá dizer assim: "A felicidade é uma consequência, não um objetivo". Talvez esta seja a razão pela qual a valorizamos tanto. *O combustível espiritual* nos diz: "A felicidade não é permanente. O que é permanente é a possibilidade de sua chegada".

capítulo 13

Perdão parece ser a palavra mais difícil

A dupla de compositores Elton John e Bernie Taupin escreveu uma bela canção em inglês intitulada "Sorry Seems to be the Hardest Word", que foi incluída no disco *Blue Moves* e se transformou em um grande sucesso. Esse *hit* de 1976, mais de trinta anos depois e já em outro século, continua tocando com muita frequência, a pedido dos ouvintes nas rádios de todo o mundo.

Além de sua melodia sedutora, o grande acerto da música talvez seja o título, que também aparece no refrão, quando a letra diz: "O que é que tenho que fazer, o que tenho que fazer quando perdão parece ser a palavra mais difícil?".

A palavra "perdão" tem origem no latim tardio e quer dizer "dar de todo coração". *Per*: completamente; *donare*: dar. Quem perdoa totalmente, de todo coração, faz muito mais do que o dicionário entende por perdoar (decidir não castigar). Na verdade, poderíamos acrescentar que quem perdoa decide não castigar e não se castigar. Em seu livro *Dare to Forgive: the Power of Letting Go and Moving On* [Atrever-se a perdoar: o poder de libertar-se e seguir em frente], o psiquiatra norte-americano Edward Hallowell assegura que o perdão começa na dor. Depois chega o momento em que nos perguntamos: o que queremos fazer com nossa dor? Em que queremos transformá-la: em mais dor (fantasiando com uma vingança) ou em uma oportunidade de transformar isso numa bênção, no milagre de perdoar, perdoar a ideia de vingança e libertar-se do ciclo da dor? E falo dessa dor eterna que a vingança representa e que nos leva a um labirinto maldito, em que, longe de nos aliviar, não fazemos mais do que aprofundar e reciclar a dor, em vez de nos desintoxicar através do perdão.

Perdoar é decidir muito mais do que não castigar e não se castigar. É decidir não viver imerso no ódio, por mais justificado que ele pareça aos olhos do nosso ego. Quem perdoa (vamos chamá-lo de perdoador) não só está perdoando o perdoado, como está abrindo as portas para, no futuro, ele mesmo poder ser contemplado pelo perdão.

Que razão – salvo alguma que o ego possa inventar – poderíamos apresentar para não perdoar, mas exigir ser perdoados? Novamente, a espiritualidade é a melhor ferramenta possível, neste caso para levar adiante o processo e o aprendizado do perdão.

Se lembrarmos que na vida tudo se passa entre Deus e nós, e que ninguém faz nada conosco em particular, se percebermos que as questões não são pessoais, mas circunstâncias que formam parte do aprendizado, o caminho se tornará menos sinuoso. Se, além disso, entendermos que tudo tem um propósito, que não devemos ficar estagnados em uma circunstância, que devemos nos elevar sobre ela, o perdão e o ato de perdoar estarão mais próximos. O mesmo ocorrerá se aprendermos que, ao perdoar, evoluímos e que, quanto mais demoramos a perdoar, mais demoraremos a entender para que "nos ocorre o que nos ocorre".

O combustível espiritual nos ensina que a pessoa que nos machucou fez mais mal a ela do que a nós. A lei de causa e efeito torna desnecessária a ação da vingança. O carma do que provoca a dor provocará dor suficiente para que aprenda a consequência do mal infligido.

O ressentimento corrói o ressentido mais do que nenhuma outra pessoa. É verdade que perdoar não é fácil, mas não fazê-lo é como suportar um eterno mal-estar espiritual, físico e mental. Cedo ou tarde você entenderá que não perdoar é um freio ou, mais ainda, uma contundente máquina de impedimentos ao desejo de viver em paz. A esta altura, não é preciso mais lembrá-lo que a impossibilidade de estar em paz consigo mesmo provoca uma dor muito maior do que a que nos recusamos a perdoar.

Quem não perdoa sofre em dobro: por um lado, aborrece a pessoa a quem não pode perdoar "pelo que me fez" e ao mesmo tempo se detesta por não poder estar em paz e se desfazer de uma vez por todas do "problema".

É claro que perdoar não é fácil, mas não perdoar acaba sendo muito mais prejudicial e vingar-se (mesmo que isso o atraia), lamento decepcioná-lo, não lhe trará felicidade alguma, ou, se trouxer, será uma felicidade muito efêmera. Não se iluda.

Poucas coisas devem ser tão distantes como a vingança e o arrependimento. Na religião judaica, o dia do perdão é o mais sagrado do ano. Pede-se perdão a Deus e é Ele que decide se inclui ou não essa pessoa no livro da vida para o novo ano que está por começar.

Se nós não aprendemos a perdoar, que razão teria Deus para nos perdoar? A palavra *teshuva* é a que talvez melhor sintetize o conceito do Yom Kippur. Significa contrição, voltar a Deus.

A palavra "religião" vem de *religare*, *re-ligar*, voltar a ligar, voltar a atar, voltar a vincular. É disso que, sobretudo, se trata o objetivo religioso, ao menos nas religiões monoteístas. Voltar à fonte, nos religarmos com quem nos presenteou a vida, esse ato de contrição, esse voltar a Deus. É a ação que nos devolve a paz interior, o desamparado que encontra amparo, o órfão que perde toda a sensação de orfandade ao sentir o milagre de experimentar que sua mãe volta a abraçá-lo.

O combustível espiritual nos diz: "Perdoar é voltar a Deus. Vingar-se é querer substituí-lo". A esta altura, sabemos que nunca nada de bom ocorreu quando o homem se propôs esse objetivo. *O combustível espiritual* nos diz: "A traição é algo que outra pessoa faz com você; a amargura é você mesmo que faz consigo". Você não pode evitar a traição de um sócio, de um amigo ou da pessoa com quem é casado. Não pode viver controlando-os. O que, felizmente, você pode administrar (guiado pelo espírito) é sua reação. Provavelmente não a inicial, baseada no impulso e na inconsciência. Mas, uma vez que tomamos consciência, podemos não nos responsabilizar pela ação do outro, mas sim por nossa reação.

A emoção costuma ser muito mais rápida do que a reflexão. De modo que, quando nos prejudicam, devemos aprender a retardar nossa reação para poder domar o ego, não o colocar em jogo em cada situação, e entrar em sincronia com Deus para, por último, entregar a situação a Ele.

Perdoar é muito mais do que o mero ato de pronunciar a palavra e muito menos que aceitar que lhe façam qualquer coisa e inclusive incitar que voltem a fazer.

Perdoar é libertar-se do ódio que a ação do outro lhe provoca. Não para permitir que volte a fazer a mesma coisa com você, mas sim para que – independente da decisão que você tome quanto ao vínculo com o outro (seu marido, sua mulher, seu amigo, seu sócio) – você não precise alimentar a fantasia da vingança. Pelo contrário, possibilita que você aprenda com a situação, que terá servido para você se desapegar ou para dar uma nova oportunidade para a outra pessoa – não para repreendê-la, mas para que se ponha em seu lugar e fortaleça a relação.

O combustível espiritual nos diz: "Quando você perdoa, o primeiro beneficiado é você mesmo. Cessarão em seu interior os sentimentos de rancor e amargura". Poderíamos explicar da seguinte forma: "Muitas vezes não conseguimos fazer o que gostaríamos para reparar o mal que nos fizeram, mas perdoar ajuda a impedir que esse mal nos prejudique cada vez mais pelo resto de nossas vidas".

Neste livro insistimos que a vida não é o que acontece conosco, mas sim o que fazemos com aquilo que nos sucede. Independentemente de nossos desejos, teremos que enfrentar situações que, pelo menos conscientemente, nunca escolheríamos para nossas vidas nem para as de nossos seres queridos, mas que, no entanto, ocorrerão da mesma forma. A escolha de conduzir nossa existência pelo caminho espiritual nos leva a entender essa realidade e a nos elevar sobre as circunstâncias adversas. Se de início as coisas não saírem como achávamos que as queríamos, ficarão piores e se complicarão mais se não as aceitarmos. Isso não significa de modo algum festejar se alguma coisa de mal ocorrer conosco ou se nos fizerem alguma coisa ruim, mas tampouco deveríamos nos aferrar à adversidade e nos apoiar nela pelo resto da vida para ruminar nossa desgraça e sentir prazer com nossa condição de vítimas.

Em nosso programa de rádio, em novembro de 2007, na sessão das quintas-feiras de *O combustível espiritual*, tivemos dois exemplos do que fazer com o que ocorre conosco. As histórias são contrastantes: mostram o perdão e a vingança como uma demonstração definitiva de que o mal que nos infligem nada mais faz do que potencializar as virtudes e misérias que já tínhamos anteriormente, pois nos leva a perdoar ou a nos vingar.

Naquela manhã, a principal notícia vinha do sul da província de Santa Fé, na República Argentina. Um homem tinha matado três pessoas e se suicidado no cemitério onde está enterrado seu filho, que tinha morrido, aparentemente de forma acidental, devido ao disparo produzido pela escopeta de um amigo. Ao se passarem dois anos da morte do jovem, seu pai, cheio de ódio, foi atrás dos pais do amigo de seu filho. Em sua corrida assassina, matou a mãe, o novo marido da mãe e a juíza de paz do povoado, além de ter ferido a nova mulher do pai (já que não conseguiu encontrá-lo).

O vingador era conhecido como um tipo violento, que, pelo que parece, tinha feito uma lista de dez pessoas que pretendia matar. Por outro lado (não por acaso) sofria de câncer de cólon, alimentado por pura ira, ressentimento e ódio, *menu* favorito do ego.

Nessa mesma tarde, colocamos Ana María Suárez no ar. Seu filho Mariano, de 27 anos, foi assassinado em Puerto Patriada (província de Chubut) por um tal de Fabián Chávez, de 25 anos de idade e conhecido da vítima. Logicamente, Ana María sofreu horrores com a morte de seu filho, seguramente tanto como o pai do menino morto em Santa Fé. Entretanto, suas reações foram totalmente opostas. Durante o julgamento na cidade de Esquel, Ana

María se aproximou do assassino de seu filho e disse: "Só Deus cura as feridas. Eu te perdoo." Depois, em meio ao soluço de ambos e para surpresa dos presentes, os dois se abraçaram. Imediatamente ela deu para ele um terço, gesto que acompanhou com as seguintes palavras: "Somente a oração tranquiliza minha dor, a cada dia. Meu filho está com Deus. Quero que este terço te acompanhe por toda a vida. Nesta terra há muita violência e você foi vítima dela desde que nasceu". (Vale a pena esclarecer que o acusado se criou sem sua mãe, a quem, paradoxalmente, conheceu dois meses antes de assassinar Mariano. Além disso, é alcoólatra e passou vários anos de sua vida internado em institutos de menores.)

Antes eu tentava explicar que perdoar não significa permitir que outras pessoas lhe provoquem sofrimento e estimulá-las a fazer isso novamente. No caso de Ana María, ela não deseja causar mal ao assassino de seu filho, não tem fantasias de vingança e até conseguiu colocar-se em seu lugar. Do ponto de vista espiritual, perdoá-lo significou estar em paz acima de ter razão, além de se libertar da dor e transformá-la. A questão judicial seguiu outro caminho. O promotor pediu a pena correspondente a homicídio doloso, que, na Argentina, pode chegar a 25 anos. "Eu o perdoei, agora cabe à Justiça dar a sua sentença", concluiu Ana María.

Foi-nos concedido o dom de perdoar, não o de julgar. Não é tarefa nossa substituir a justiça humana nem evocar por nossa conta a justiça divina.

Só Deus sabe por que as coisas acontecem. Não é verdade que quem perdoa é insensível e que quem se vinga tem sentimentos. O pai que atormenta todo mundo ao longo dos anos e manipula os outros com sua dor não é melhor do que aquele que, mesmo muito abalado e com a lembrança do seu filho fisicamente ausente, não destila ódio por causa do martírio que lhe coube viver.

Sei que, entre os que estiverem lendo este texto, alguns dirão que é fácil falar do que acontece com os outros, e provavelmente seja verdade, tão verdade como o fato de que ninguém está livre de viver uma tragédia.

Vamos retomar o conceito de quem somos e de quem éramos antes de receber um impacto. Intencionalmente, citei como exemplo duas histórias extremas. De um lado, uma terrível vingança; de outro, um perdão comovedor. Antes de o filho de Ana María ser assassinado, ela já era muito católica e ia à igreja com frequência. Além disso, sempre foi uma ecologista militante, participante ativa de entidades defensoras do meio ambiente. Na outra história, sobre a qual daremos menos detalhes em respeito à memória do protagonista já falecido, não se sabe de inquietudes e gestos solidários ou espirituais na tumultuosa vida do vingador.

Na entrevista que me concedeu na rádio, Ana María Suárez (filha de um famoso locutor argentino) me disse que o caminho do perdão não é fácil e que, em todo caso, trata-se de uma via de mão dupla, ou seja, que envolve as duas partes, como definitivamente ocorreu em sua história.

O caminho espiritual requer uma fé inquebrantável. Se, por um lado, é muito humano sofrer por algo triste, por outro, nossa espiritualidade não deve se limitar aos momentos em que as coisas saem como gostaríamos. Parafraseando Ana María, o caminho do perdão não é fácil, mas o da vingança só o é em seus primeiros metros. Logo se transforma em um verdadeiro inferno, muito mais insuportável do que a aceitação da dor e a entrega dessa situação a Deus.

A inconsciência é inimiga da espiritualidade. Por isso, é absolutamente compreensível a reação imediata ao mal sofrido. Nessa reação imediata, impera o impulso e o espírito se apaga. Se o único pecado é distanciar-se de Deus, será natural para a maioria de nós que nossa primeira reação seja a de devolver o golpe. É aqui que devemos recordar: quem tem o poder é a pessoa que não reage. Voltando ao que disse antes, lembremos que a Justiça contempla como atenuante, e eventualmente como fator de absolvição, a emoção violenta; e, no outro extremo, como agravante a premeditação, comportamento tão próprio da vingança.

Passado o tempo da reação imediata, quando o "calor" cede e a dor persiste, é hora de erguer a cabeça, retornar ao Criador, perguntar-lhe e perguntar-se que missão nos encomendou ao nos fazer viver aquela experiência extrema e qual é a mensagem que nos está enviando.

Do impulso inicial e da sede de vingança, superado o primeiro impacto, chega o tempo da sabedoria, um remédio muito bom para a dor, sem efeito imediato, mas sim gradual e persistente. Em sua mesa de cabeceira, você terá à mão o remédio da vingança, este sim de efeito imediato e prejuízos permanentes, que finalmente nos farão recordar aquele velho ditado: "O remédio é pior que a doença".

A psicologia positiva, irmã da espiritualidade, fala do conceito de resiliência, capacidade de algumas pessoas para atravessar circunstâncias difíceis das quais saem fortalecidas. As pessoas que puderam perdoar saíram fortalecidas das circunstâncias mais difíceis. Não podemos dizer o mesmo das que se vingaram ou inclusive das que, sem ter concretizado a vingança planejada, viveram o resto de suas vidas submersas no ódio gerado por aquilo, em uma situação com a qual nada aprenderam e à qual, naturalmente, não puderam transcender.

Ninguém é obrigado a perdoar: o perdão deve ser sentido, não forçado. Não se apresse em perdoar. Se você não sentir a necessidade de fazê-lo, chegará um momento em que o incomodará mais o fato de não perdoar do que o mal que tenham lhe causado. Não peça perdão porque alguém (muito menos este livro) sugeriu. Mais uma vez, será questão de escutar seu interior. Nele, você encontrará ou não a necessidade de perdoar. Lembre que os perdões apressados só trarão arrependimentos.

Quando você tiver aceitado que, como diz a música, "o que passou, passou" (no sentido de que ocorreu, como primeiro passo, e de que você superou, como segundo passo), você estará em condições de perdoar. A mesma coisa quando tiver aceitado que fez mal a alguém e perceba o que seu ato intencional significou para a outra pessoa. É aí que você poderá pedir perdão e perdoar-se, o que significa deixar de se culpar.

Um dos efeitos benéficos e reparadores que o perdão traz é o de deixarmos de culpar os outros pelo que nos acontece e nos responsabilizarmos por nossas vidas. Essa é a razão pela qual o perdão nos transforma e nos liberta. Em seu livro, Edward Hallowell diz: "Perdoar supõe abandonar a esperança de que o passado será diferente. É preciso aceitar que o que ocorreu, ocorreu e não pode não ter ocorrido. É algo que você não pode mudar, por mais raiva que acumule ou vingança que cometa. Agora você terá que sentir tristeza, conhecer a dor, lamentar sua perda e seguir adiante, deixando para trás a raiva e o ressentimento".

O processo de perdão deve ser respeitado, assim como seu aprendizado. Se conseguirmos superar a raiva inicial (o período mais perigoso), em que a perda de consciência pode nos levar às piores loucuras, passaremos à etapa da tristeza e, paulatinamente, retornaremos a um estado de re-encontro com a consciência e sua posterior expansão. O próximo passo será a busca da paz interior, situação em que o ego e sua influência irão cedendo e, com isso, amainarão as vozes que, como um mantra, nos dirão que temos razão para dar espaço aos desígnios do espírito em busca de paz e harmonia.

Quando percebemos que podemos nos despojar do ódio e desejamos estar em paz, "perdão deixa de ser a palavra mais difícil". Por mais questionável que pareça, tudo tem perdão na vida espiritual. É evidente, também, que tudo tem sua consequência, e lembremos que as consequências de nossos próprios atos inevitavelmente deverão ser enfrentadas.

Talvez não exista a regra do perdão, mas *O combustível espiritual* nos diz: "Perdoamos quando a aceitação do que ocorreu supera a ânsia de modificar o imodificável e a necessidade de estar em paz consigo é maior do que a necessidade de reparar o que o outro nos fez".

Há diversos tipos de danos e afrontas, e logicamente há diversos tipos de perdões. Felizmente, a imensa maioria das pessoas poderá perdoar ou ser perdoada por questões não tão graves como a que Ana María, a mãe que perdoou o assassino de seu filho, teve de suportar.

O perdão deve ser uma decisão própria, a ser tomada no momento oportuno e por conta exclusivamente de quem foi prejudicado. É preciso considerar que o fato de não se vingar não significa ter perdoado. A maioria dos casos se encontra em meio à imensa faixa que vai do perdão comovedor à vingança fatal. São histórias protagonizadas por pessoas incapazes de perdoar, pelo menos durante muito tempo, ou por aqueles que não se vingam, mas que igualmente acumulam ódio, o que acaba lhes causando mais prejuízo do que aquilo que não perdoam.

O perdão é filho do espírito. O ego detesta o perdão. As pessoas com ego inflado são as primeiras a dizerem frases como: "Não vou perdoar isto nunca" ou "Você me paga". Geralmente, pessoas que se expressam dessa maneira são incapazes de pedir perdão pelo mal que causaram a outros, ou talvez se desculpem por conveniência, mas não porque sejam conscientes de que machucaram outra pessoa.

Quando falamos em perdoar, costumamos pensar em duas situações bastante comuns: a infidelidade conjugal e a traição entre amigos ou sócios. Geralmente, nesses casos, a raiva não nos permite ver que a situação que acabamos de descobrir, por mais dolorosa e decepcionante que seja no começo, é o melhor que nos pode ocorrer para terminar com uma sociedade que já não nos convinha ou para, no mínimo, repensarmos a continuidade de um casamento.

O perdão e o orgulho não combinam. *O combustível espiritual* nos diz: "O orgulho é o passo que antecede a queda. Quando você se entrega ao falso orgulho, está a caminho da queda".

Se permanecermos atentos a nossa percepção, vamos nos dar conta do "para quê" do engano ou da traição que nos fizeram, ou que de alguma maneira nos fizemos. Provavelmente nos estejamos defrontando com uma oportunidade que foi enviada para uma mudança que, de outra forma, não teríamos nos animado a empreender. Facundo Cabral costuma dizer: "Deus pôs um ser humano sob sua responsabilidade e esse ser humano é você". Muitas vezes, a suposta traição e o suposto engano com que nos "presenteiam" não é mais do que uma bofetada em nossa condição de cômodos negadores daquela situação com que acabamos nos chocando, mas da qual nos chegavam pistas, indícios e até evidências que não queríamos admitir.

Dizem que cada lar é um mundo e poderíamos acrescentar que cada casal é um país diverso, com regras próprias e bem diferenciadas. Há aqueles que não continuaram com quem consideravam o "amor de sua vida" por não perdoar uma infidelidade devido ao orgulho. Outros disseram ter perdoado, mas a cada instante reprovavam a pessoa pelo que ocorreu e, nesse caso, perdão não passa de uma palavra de seis letras.

Aqueles que consideraram essa "traição" uma oportunidade e puderam consolidar sua relação estão bem além da ditadura do ego (que permanentemente lhes recomendava o contrário) e do que os outros vão dizer. Como muita gente fala, não há perdão de um lado sem arrependimento de outro. Mas a pessoa que se arrepende está se arrependendo do quê? Do comportamento que teve e que causou tristeza numa pessoa querida ou da falta de habilidade para agir sem que o outro descobrisse? O que verdadeiramente se reprova?

O perdão que oferecemos com o espírito não está condicionado pela reação que o outro possa ter, pois seria um perdão muito frágil. O perdão espiritual nos permite estar em paz, e é nessa paz, na qual o ego não encontra o espaço, que decidiremos o que fazer com a pessoa que nos feriu ou que nós ferimos.

Isto ocorre porque, mesmo que não continuemos nossa relação com o sócio, a namorada ou o amigo, podemos entendê-los, colocarmo-nos em seu lugar (empatia) e perdoá-los, desejando-lhes o melhor e, em alguns casos, até agradecendo-lhes por terem trazido a verdade a nossas vidas.

Não é fácil perdoar – por que deveria ser? Porém, é curativo e libertador. As pessoas que percorrem o caminho espiritual sabem bem que tudo que ocorre na vida é entre elas e Deus, que essa é a única relação sagrada, que nada é pessoal e que, para alcançar a plenitude, vamos do berço ao túmulo aprendendo pouco a pouco. Não aprenderíamos nada se tudo fosse como queremos.

Os processos levam seu tempo. O aprendizado requer mais da consciência do que da inteligência. Muito do que é ruim ou do que por um momento consideramos ruim e imperdoável não foi nada mais do que a antessala de uma mudança pela qual acabamos agradecendo. Lembre-se de que hoje é o dia que ontem tanto o preocupava.

Vou contar alguns exemplos da minha vida pessoal. Trata-se de três histórias de fatos talvez não tão graves, mas que, em seu momento, me pareceram "imperdoáveis" e hoje lhes sou muito grato porque foram fundamentais em minha carreira. Como diria Steve Jobs, o CEO da Apple, "você só conecta os fatos olhando para trás".

Em 1986, eu apresentava com Mario Pergolini um bem-sucedido programa de rádio chamado *Feedback*. O projeto, mesmo estando a cargo de dois novatos de 23 e 21 anos, respectivamente, teve enorme sucesso e liderava a audiência de seu horário. O programa era o carro-chefe de uma pequena rádio chamada Okay. Apesar disso, os diretores da emissora nunca pagaram nossos magros salários. Felizmente ainda vivíamos com nossos pais e pudemos, por não estarmos tão necessitados economicamente, continuar fazendo o programa.

Na noite de Natal, fizemos um especial ao vivo para acompanhar as pessoas que estavam sozinhas e, por que não, necessitadas da nossa companhia em uma data tão particular. Daniel Grinbank, dono da rádio Rock & Pop, emissora que superávamos em audiência, escutou nosso *show* nessa noite, enquanto estava no carro a caminho de uma festa de Natal. Ciente da nossa condição de trabalhadores não remunerados, nos ofereceu no outro dia um contrato para entrarmos em sua rádio, o que mudaria para sempre nossa história profissional. *Feedback* tornou-se o primeiro programa ao vivo da história da Rock & Pop, que até esse momento só transmitia uma programação pré-gravada.

Segunda história. Por volta de 1995, eu apresentava na Rádio Uno um programa de madrugada que tinha muito boa audiência. Uma vez, pus no ar (eu escolhia a programação musical) uma música do grupo argentino Actitud María Marta que tinha alguns palavrões. O diretor da emissora, Marcelo Tinelli, escutou a música e decidiu me despedir.

Minha situação se tornou alarmante. Eu não tinha outro trabalho, minha mulher estava grávida do nosso primeiro filho e estávamos pagando o financiamento do pequeno apartamento em que vivíamos. Fui encontrar o Marcelo, ainda me lembro da data, um 2 de outubro (comemorava-se o dia do perdão). Disse para ele: "Hoje é o dia do perdão, me perdoe". Mas ele, com todo direito, manteve sua posição.

Eu poderia ter feito um escândalo. Atrás de uma estrela do espetáculo como ele, há sempre pessoas dispostas a detonar um escândalo na mídia. Não foi essa minha reação. Como se diz popularmente, saí de fininho e voltei para casa para viver com a ajuda dos outros.

Passei meses muito angustiantes. Por volta de dezembro, um grande amigo, Gustavo Pomenarec, convenceu-me a passar um fim de semana com minha esposa e a dele em seu apartamento em Punta del Este. Estava muito angustiado. Da varanda, o mar da Praia Mansa era um convite a perder o olhar na imensidão e alimentar minhas preocupações. Na minha cabeça, não paravam de ecoar, como um *rap* ou como um mantra, perguntas como: "Do que minha família vai viver?" "O que será da nossa vida se me tirarem o apartamento?" "Como vou dar de comer para meu filho que vai nascer?"

Mesmo antes do meu despertar espiritual, eu já era uma pessoa positiva. Mas admito que, por alguns momentos, nessa varanda, de frente para o mar, fantasiei com a ideia de me matar.

Em 11 de fevereiro de 1996, nasceu Nicolas. Seu pai não teve problema em assistir ao parto, mudar suas fraldas e dar seu primeiro banho. Estava desempregado. Lembro que uma noite, no começo de março, levei meu cachorro para passear e, na esquina entre a Conessa e a Juramento, um estranho personagem se aproximou para falar comigo.

O homem notou meu estado abatido, lembrou meus tempos em outras rádios e me assegurou que eu me daria muito bem. Ato contínuo, como numa cena de filme, me deu de presente um anel que ainda hoje tenho guardado.

Em 18 de março, atendi o telefone. Era Marcelo Tinelli, que me chamava para trabalhar novamente na Radio Uno. Com o tempo, entendi que, sem ser suculenta, sua proposta se tornaria talvez a mais importante que eu poderia receber para o desenvolvimento da minha carreira.

Em 1º de abril (coincidentemente o dia do aniversário de Marcelo), comecei com *La Batidora* (hoje *El Exprimidor*), o maior êxito profissional da minha vida, em que começou a ser gestada a seção que dá nome a este livro.

Alguns anos depois, uma noite em que voltava da rádio, cruzei com o estranho personagem do anel. Eu ia no meu carro e ele estava caminhando pela avenida Cabildo. Cumprimentamo-nos e ele me desejou boa sorte para a entrega dos prêmios Martín Fierro. Poucos dias depois, ganhei uma estatueta. Marcelo Tinelli se aproximou para me cumprimentar, nos abraçamos e ele me disse: "Fechou-se um círculo". Não foi preciso acrescentar nada.

Terceira história. Em 1998, Marcelo deixou a rádio. *La Batidora* era um sucesso de audiência e de faturamento, mas meu salário continuava magro. Meus chefes me pagavam com muito atraso e uma vez chegaram a me dar, inclusive, um cheque sem fundo.

A notícia chegou aos ouvidos de uma importante empresa produtora de rádio, cujos apresentadores, mesmo com salários que ultrapassavam de longe o meu, eram superados em audiência por nosso programa. A empresa em questão marcou um encontro comigo e me ofereceu – graças à generosidade de Lidia Serres, que ainda é minha chefe e minha mecenas, e à capacidade negociadora do meu amigo e irmão da alma Gustavo Naios – aquele que foi, durante anos, o melhor contrato da minha vida.

Independente de qualquer história, queria lembrar esta prece: "Que Deus me conceda a serenidade para aceitar as coisas que eu não posso mudar; a coragem para mudar as que eu posso e a sabedoria para reconhecer a diferença".

Muitas vezes, ainda que nos custe entender isso, a vida não nos tira coisas, nos liberta delas. Com a bagagem mais leve, voaremos mais alto.

O budismo nos diz: "O que deve ser, será. E ocorrerá naturalmente". Ninguém faz nada para nós, nem nós fazemos nada para os demais. O que fazemos na vida estamos sempre fazendo para nós mesmos.

Perdoar é perdoar-se. Ninguém é obrigado a perdoar nem a pedir perdão, mas sim, pelo menos, a tentar. Não perdoe simplesmente porque a outra pessoa lhe pede. Perdoe porque você sente. Não deixe de perdoar por temer que os outros o critiquem por isso. Embora pareça mentira, o perdão é malvisto na nossa sociedade.

Não é assim que funciona o universo. Não é que Deus, ou a força superior, perdoe ou deixe de perdoar. Tudo é um aprendizado. Podemos escolher um desses dois mestres: o "mestre amor" ou a "mestra dor". Não há castigos, não há prêmios. É causa e efeito, evolução ou involução. Mais cedo ou mais tarde, se aprende. Só há um propósito que se cumpre e fluímos. Ou não se cumpre e resistimos a aprender a lição, entender a mensagem, superar a dificuldade.

É tempo de explicar que quem perdoa não é pusilânime nem covarde; quem perdoa não apóia com seu gesto de amor a ação de quem fez algo ruim, mas sim o ser que cometeu a ação. Quem sabe perdoar tira um peso de cima de si, continua com sua evolução e não se responsabiliza por quem o prejudicou, mas sim por si mesmo, originalmente o prejudicado e, daqui por diante, o fortalecido.

O perdão é elevador. Permite que você se livre da culpa. Mas bem, não vamos confundir quem perdoa como consequência de um processo espiritual com o indulgente que perdoa facilmente mais por temor do que por amor.

A pessoa que perdoa e sente a necessidade de entregar este dom se aproxima de Deus. Não é fácil (lembre-se que este capítulo se chama "Perdão parece ser a palavra mais difícil"), mas o resultado é maravilhoso. Vale a pena tentar. Talvez não fazer isso seja a única coisa imperdoável.

capítulo 14

Seria uma pena não ter aprendido

Sob aquilo que chamamos "personalidade", subjaz, num lugar profundo, nossa parte espiritual, que poderíamos chamar nossa parte eterna. A "forma de ser" tem a ver com o que acreditamos que somos, isto é, um "ser de forma". A espiritualidade, nossa identidade espiritual, não tem formas. Não é visível, apenas perceptível.

Não deixe, como naquela música dos Los Auténticos Decadentes, que sua "forma de ser te enlouqueça". É hora de se conectar com sua parte eterna. É nela que residem, como bons vizinhos, a paz, a sabedoria, a harmonia. Estamos falando de um tesouro interior, do *seu* tesouro interior, a que você sempre pode recorrer e cuja única chave se encontra em suas mãos, mesmo que até agora você não soubesse disso.

É absolutamente previsível que o ego tente convencê-lo de que você perdeu essa chave. Não se deixe enganar. Esse extravio não existe. Você se re-encontrará com sua parte eterna toda vez que se propuser e voltar a vincular-se com seu espírito santo.

Você viveu muito tempo pensando que, como ser humano, devia agir em função do seu ego, de sua personalidade, e que o espiritual era o excepcional, o delirante, o místico. Por fim, você aprendeu que não é assim, mas exatamente o contrário. Você é um ser espiritual. Essa é sua identidade. Você não encontrará paz, satisfação, alegria de viver nem sentido na existência enquanto não se conectar com sua parte espiritual, eterna e divina.

Enquanto não nos conectarmos com o que somos, não somos. Vamos usar o exemplo do sanduíche para ilustrar a sensação de angústia que nos faz sentir presos pelo controle do ego. Vamos supor que uma parte, digamos a superior, é formada pelo medo do futuro, enquanto a inferior é composta pelas culpas do passado. No meio está você, submetido à sua "personalidade".

Pergunte-se por um segundo o que aconteceria se, quando você levasse seu carro ao posto para encher o tanque de gasolina, pusesse outro combustível. O que ocorreria com o carro movido a gasolina que você acabou de comprar se o funcionário do posto enchesse o tanque com óleo diesel? Pois bem, algo semelhante sucede com sua vida na hora de escolher a bomba e o combustível de que vai se abastecer. Não se arruíne mais enchendo tanques com combustíveis para o ego. Nunca será suficiente. O tanque sempre estará vazio e você nunca irá muito longe.

Está na hora de você se abastecer de combustível espiritual. Chegou o momento de usar sua energia para seu bem e, portanto, para o bem da totalidade. O novo combustível que começa a alimentar sua vida é o combustível espiritual. *O combustível espiritual* nos diz: "Somos pedacinhos de Deus. A humanidade é um grande quebra-cabeça que forma a totalidade da figura divina. A separação das peças gera o caos. Comecemos, de uma vez, a colocar as peças no lugar".

Quando estabelecermos contato com nossa fonte, sentiremos que não somos criaturas físicas controladas pelo ego, mas sim – parafraseando aquela música do The Police – "espíritos em um mundo material". Precisamos nos nutrir espiritualmente e nos alinhar com nosso espírito. Não somos deste mundo, ainda que estejamos nele. Não pertencemos a ele. Não precisamos nos apegar a nada. Estamos simplesmente de visita. Já observamos em um capítulo anterior ("A vida é um bumerangue") que, quanto mais nos prendemos a alguma coisa, mais possibilidades temos de perdê-la.

Seria uma pena não termos aprendido que, perante Deus, somos todos iguais e que a única diferença é que alguns, com suas atitudes, seus atos, seus pensamentos e desejos, se aproximam de Deus, enquanto outros, com suas atitudes, seus atos, seus pensamentos e desejos, afastam-se de Deus.

Seria uma pena não ter aprendido que há seres que procuraram o propósito de sua existência e que o encontraram. Que fluem com ele e se deixam mover por esse propósito divino, enquanto outros perseguem sonhos alheios, vivem a vida dos outros e não a própria.

Seria uma pena não ter aprendido que, quando reduzimos nosso ego, controlamos nossa personalidade e entramos em sintonia com nossa parte eterna. É quando aflora em nós a humildade de quem se deixa usar por sua fonte criadora como mostra de gratidão a quem lhe concedeu o milagre da vida.

Seria uma pena não ter aprendido que, se você deixar que Deus o use para benefício da totalidade, permite que Ele se expresse através de você. *O combustível espiritual* nos diz: "Alinhado com o Criador, fluo pelo caminho que me foi encomendado e passo a ser as mãos e os pés de Deus".

Seria uma pena não ter aprendido que o dom que me concederam não é mérito meu, razão pela qual não devo ficar vaidoso e orgulhoso, mas me concentrar em simplesmente administrá-lo.

Seria uma pena não ter aprendido que as preocupações lhe tiram energia e que, com baixa energia, pouco faremos para atrair o melhor para nossas vidas. Viemos aqui para aprender, para evoluir e não para viver com medo do que chamamos "problemas".

Seria uma pena não ter aprendido que a questão não é o problema, mas sim a maneira de reagir a ele. Ao contrário do que fizemos e pensamos por anos, os problemas se resolvem com serenidade. Quanto maior a entrega e a confiança, mais próximos estaremos de entender que, no problema, está a solução.

Seria uma pena não termos aprendido a ficar atentos aos sinais, aos indícios, que seriam como indicações divinas. Neste ponto, gostaria de fazer um pequeno jogo de palavras. Creio que indício é a indicação que havia desde o início e que não havíamos visto nem escutado porque estávamos obcecados, procurando fora o que estava dentro de nós. Vamos ao encontro da solução, de um sinal, de um chamado, um pensamento inspirado. Ou do que alguns chamam eventos casuais e na espiritualidade chamamos de causais.

Falando de questões casuais e causais, o eminente cirurgião argentino Eduardo Zancolli, traumatologista especializado em mãos e autor de um extraordinário livro sobre sincronismo (*El misterio de las coincidencias*) contou uma história maravilhosa quando nos visitou na seção de

"O combustível espiritual" da rádio. O relato é mais ou menos o seguinte: um cirurgião amigo de Zancolli costuma ir à missa todos os domingos. Depois de sair da igreja, volta para casa andando e geralmente não resiste à tentação de comprar pipoca para comer no caminho. Certa vez, ao receber o troco do vendedor, notou (lembremos que sua especialidade também são as mãos) que havia algo estranho na palma que lhe entregou as moedas. O médico se interessou pela protuberância que observou e o pipoqueiro, envergonhado, inicialmente minimizou o assunto, em seguida pediu desculpas, mas, diante da insistência do cirurgião, respondeu que se tratava de um tumor e que sabia que ia morrer.

Acrescentou que nunca, justamente para evitar que os clientes ficassem incomodados, dava o troco com essa mão e que era a primeira vez, em anos, que o fazia. Por uma circunstância casual ou causal (você escolhe), o homem que recebeu a moeda da mão "errada" era um dos melhores cirurgiões de mão do país. Conclusão: o médico tranquilizou o homem, marcou um horário em seu consultório e, obviamente sem cobrar nada, acabou por operá-lo e salvá-lo de qualquer risco de morte.

Eu acrescentaria a essa história a maravilhosa presença de Deus, que soube escolher a pessoa que deveria tocar essa mão, por tanto tempo escondida.

Seria uma pena não ter aprendido que as soluções que resultam de buscas obsessivas só farão você mudar de problema. O que vem da inspiração é o que flui, o natural, o divino.

Lembre-se que, de uma atitude obsessiva, esforçada, chegará uma solução provisória que apenas prolongará o problema. As soluções têm a ver com as decisões. Não deveríamos tomá-las guiados pelo ego. Deveríamos fazer isso em paz. As decisões que tomamos em paz nos dão paz. Como dizia aquele velho conselho: "Conte até dez". Não deveríamos tomar decisões importantes com a cabeça quente. De qualquer forma, nunca é tarde para pedir desculpa e ter consciência da nossa decisão precipitada.

Ser consciente é o primeiro passo para corrigir o rumo. *O combustível espiritual* nos diz: "Não se muda o que se tolera". Mudar tem mais a ver com tomar decisões do que com encontrar soluções. A negação é inimiga da mudança. Quem nega a existência de algo que existe acaba tolerando isso.

Na espiritualidade aprendemos que a verdadeira solução se encontra bem no fundo e que dela surge a cura. *O combustível espiritual* nos diz: "A única coisa que nos livra da dor é curar aquilo que a causa".

Seria uma pena não ter aprendido que o atalho não é a solução. Vamos contar agora uma história que ilustra esta afirmação com eloquência.

Conto dos atalhos

Um casal recém-formado era muito pobre e vivia dos favores de um pequeno povoado do interior. Um dia, o marido fez a seguinte proposta à esposa: "Querida, vou sair de casa, viajar para bem longe, procurar um emprego e trabalhar até ter condições de voltar e dar uma vida mais digna e confortável para você. Não sei quanto tempo vou ficar distante. Só peço uma coisa: que você me espere e, enquanto eu estiver longe, seja fiel a mim, pois eu serei fiel a você".

Assim, sendo ainda jovem, caminhou muitos dias, até encontrar um fazendeiro que precisava de um ajudante. O jovem se ofereceu e foi aceito. Logo pediu para fazer um acordo com seu patrão, que concordou com os termos. O trato era o seguinte: "Deixe-me trabalhar pelo tempo que eu quiser e, quando eu achar que devo partir, o senhor me libera das minhas obrigações. Eu não quero receber meu salário. Peço ao senhor que o coloque na poupança até o dia em que eu for embora. Então o senhor me dará o dinheiro que eu tiver ganhado".

Depois de selado o acordo, o jovem trabalhou por vinte anos, sem férias e sem descanso. Passado esse tempo, aproximou-se do patrão e lhe disse: "Patrão, gostaria de receber meu dinheiro, pois quero voltar para minha casa". O patrão respondeu: "Muito bem. Fizemos um pacto e vou cumpri-lo, mas antes quero lhe fazer uma proposta, está bem? Eu dou seu dinheiro e você vai embora. Ou, então, eu lhe dou três conselhos, não dou o dinheiro, e você vai embora da mesma forma. Se eu der o dinheiro, não dou os conselhos, e vice-versa. Vá para o seu quarto, pense e depois me dê a resposta".

Ele pensou durante dois dias. Finalmente, procurou o patrão e disse: "Quero os três conselhos". O patrão lembrou: "Se der os conselhos, não dou o dinheiro". E o empregado confirmou: "Quero os conselhos".

O patrão então disse:

Nunca pegue atalhos em sua vida. Caminhos mais curtos e desconhecidos podem custar-lhe a vida.

Nunca tenha curiosidade por aquilo que represente o mal, pois essa curiosidade pode ser fatal.

Nunca tome decisões em momentos de ódio e dor, pois você pode se arrepender tarde demais.

Depois de lhe dar os conselhos, o patrão disse ao jovem, que a essa altura já não era tão jovem: "Leve esses três pães: dois para comer na viagem e o terceiro para comer com sua mulher quando chegar à sua casa".

Após vinte anos longe de casa e da esposa que tanto amava, o homem iniciou a jornada de regresso. Depois do primeiro dia de viagem, encontrou uma pessoa que o cumprimentou e lhe perguntou: "Para onde você vai?". Ele respondeu: "Vou para um lugar muito distante que fica a mais de vinte dias de caminhada por essa estrada". A pessoa lhe disse então: "Jovem, este caminho é muito longo. Eu conheço um atalho pelo qual você chegará em poucos dias". O jovem ficou empolgado e começou a caminhar pela trilha indicada. De repente, lembrou-se do primeiro conselho: "Nunca pegue atalhos em sua vida. Caminhos mais curtos e desconhecidos podem custar-lhe a vida". Resolveu voltar ao caminho normal. Dois dias depois, soube que outro viajante que tinha tomado aquele atalho havia sido assaltado, agredido e perdido toda a roupa para os bandidos. O caminho levava a uma emboscada.

Alguns dias mais de viagem e o jovem, completamente exausto, buscou repouso em uma pensão na beira da estrada. Já era tarde da noite e, pelo visto, todo mundo estava dormindo. Contudo, uma mulher sombria abriu a porta e o atendeu. Estava tão cansado que pagou a diária sem perguntar nada e, depois de tomar um banho, deitou-se para dormir. De madrugada, levantou-se assustado após ouvir um grito aterrador. Ficou de pé num salto e foi até a porta para ver o que estava acontecendo. Porém, no momento em ia abrir a porta, lembrou-se do segundo conselho: "Nunca tenha curiosidade por aquilo que represente o mal, pois essa curiosidade pode ser fatal". Então, deu meia-volta e deitou-se para dormir. Ao amanhecer, depois de tomar café, o dono da pousada perguntou se ele não tinha escutado um grito. Ele respondeu que sim. "E não sentiu curiosidade?", quis saber. Ele respondeu que não. O dono da pousada comentou: "Você teve sorte em sair vivo daqui, pois de noite estamos sendo assediados por uma mulher maligna que tem crises de loucura. Ela grita de uma maneira horrível e, quando o hóspede sai para ver o que está acontecendo, ela o mata, o enterra no quintal e logo depois desaparece".

Ansioso por chegar, o homem prosseguiu sua jornada. Depois de muitos dias e muitas noites de caminhada, finalmente avistou, num entardecer, a fumaça saindo da chaminé de sua casa e misturando-se às árvores. Caminhou mais e conseguiu reconhecer, entre os arbustos, a silhueta de sua esposa. Mais adiante, notou que havia um homem com a cabeça no colo dela. Sua mulher acariciava-lhe os cabelos. Ao deparar com aquela cena, seu coração se encheu de ódio e amargura. Decidiu correr na direção deles e matá-los sem piedade. Respirou fundo, apressou os passos e de súbito lembrou-se do terceiro conselho: "Nunca tome decisões em momentos de ódio e dor, pois você pode se arrepender tarde demais". Então ele se deteve. Refletiu e chegou à conclusão de que era melhor deixar a decisão para o dia seguinte. Ao amanhecer, já com a cabeça fria, disse para si mesmo: "Não vou matar minha esposa. Vou voltar para meu patrão e pedir que me aceite de volta. Mas antes vou dizer para ela que sempre fui fiel". Dirigiu-se à porta da casa e bateu. Quando a mulher abriu e o reconheceu, pendurou-se em seu pescoço e o abraçou cheia de afeto. Ele tentou tirá-la de cima de si, mas não conseguiu. Com lágrimas nos olhos, disse: "Eu fui fiel e você me traiu...". Espantada, ela respondeu: "Como? Eu nunca o traí, esperei-o durante vinte anos". Ele então perguntou: "E quem era esse homem que você estava acariciando ontem à tarde?". E ela disse: "Aquele homem é nosso filho. Quando você foi embora, descobri que estava grávida. Hoje ele está com vinte anos". Então o marido entrou, conheceu seu filho, abraçou-o e contou para eles toda a sua história, enquanto sua esposa preparava a comida. Sentaram-se à mesa e o marido pegou o último pão para dividir com eles.

Depois da oração de agradecimento, com lágrimas de emoção, ele partiu o pão e, ao abri-lo, deu de cara com todo o dinheiro que lhe cabia após vinte anos de dedicação.

Depois desse relato, seria uma pena não ter aprendido que as soluções provisórias acabam gerando problemas permanentes. Seria uma pena não ter aprendido que, no fim das contas, o temor das consequências das soluções definitivas acabam gerando problemas ainda mais graves do que os originais. *O combustível espiritual* nos diz: "Preocupe-se com suas ações, não com o resultado delas". No ótimo livro *El maestro y las magas*, de Alejandro Jodorowsky, há uma frase que completa muito bem esse raciocínio. Diz assim: "Esqueça-se de si e você será você mesmo".

Pensemos na obra da nossa missão, não no fruto. Trabalhe como se você não precisasse de dinheiro. Dance como se não o estivessem olhando.

Seria uma pena não ter aprendido que o importante é fazer o correto, e não receber reconhecimento por isso. Até porque qual o nosso mérito quando é o Criador que faz as coisas através de nós?

Seria uma pena não ter aprendido a parar de querer ter razão, finalmente entender e lembrar todos os dias que é melhor ter paz do que ter razão. Seria uma pena não ter aprendido que viveremos enquanto Deus precisar de nós, enquanto nossa existência tiver um propósito e que, quando deixar de ter, partiremos por vontade dele. Somos filhos dessa vontade. Deus nos deu a vida, Deus a tirará. Voltando a Jodorowsky: "Não procure cegonhas nem assassinos. O que é de Deus será de Deus".

Seria uma pena não ter aprendido que a sorte não existe. Que, se um milagre for necessário, ocorrerá. E que acontecerá tudo que for útil para o plano divino, independentemente de quão absurdo ou injusto possa parecer ao homem.

Lembre-se de que nós vemos uma parte e Deus vê a totalidade. Deus sabe o que é melhor para nós. Essa é a única "sorte".

Seria uma pena não ter aprendido a desfrutar o silêncio, a entender que, se estamos conosco, estamos acompanhados. Desfrute o silêncio. Na quietude você encontrará o sinal, a resposta a toda pergunta. Escuta-se melhor no silêncio; fique quieto e respire luz. Jodorowsky nos diz: "Os outros nunca vão poder nos dar aquilo que levamos dentro de nós. Enquanto você não encontrar o tesouro dentro de si, não deixará de projetar suas dúvidas nos outros".

Seria uma pena não ter aprendido a ser o que se é em vez do que se acredita ser. Quando você é você mesmo, não é seu ego. É aí que harmonizamos nosso propósito (propósito externo) com o desígnio divino (propósito interno). Nessa circunstância, encontramo-nos na mesma frequência vibratória de Deus e fluímos em plenitude. Tudo passa a ser possível. E o que você está esperando para tentar isso?

Seria uma pena não ter aprendido que a felicidade não está tão presa às circunstâncias que vivemos, mas sim à postura que adotamos. À distância, vemos como, hoje, aqueles fatos que nos preocupavam ontem explicam nosso amadurecimento. Vemos o quão melhores somos graças a esses fatos. Mais humildes, mais agradecidos.

Muitas vezes, os obstáculos que enfrentamos desaparecem, mas não a mudança que experimentamos em função deles. A solidão costuma ser inicialmente um desses obstáculos. Entretanto, ficarmos sós diariamente conosco e não fazermos nada para evitar isso ajudará significativamente em nosso crescimento espiritual.

Pascal assegurava que as infelicidades do homem provêm de sua incapacidade de ficar sozinho, sentado prazerosamente em um quarto.

O autoconhecimento é único e insubstituível. Para os que acreditam que o objetivo principal da vida é o reencontro com quem nos criou, este é o caminho para a intuição e a inspiração. Vinte minutos de meditação, duas vezes por dia, no amanhecer e no entardecer, é a melhor receita. Os resultados são tão bons que sentimos falta cada vez que, por razões distintas, interrompemos essa prática. Embora haja diversas formas de procurar e encontrar-se, a meditação é insuperável.

Neste livro, dedicamos um capítulo a essa prática, que permite à alma concentrar-se em si mesma. *O combustível espiritual* nos diz: "O estado do ser determina tudo. A meditação é de grande valia para que o ser conquiste o melhor estado possível".

Seria uma pena não ter aprendido a diferença entre estar sozinho e se sentir sozinho. Em nosso interior, reside uma força muito mais vigorosa do que a que chamamos força de vontade ou amor-próprio. Este livro, e antes dele a seção "O combustível espiritual" do meu programa de rádio, tentam ser uma humilde contribuição para entender, sem impor, que as coisas não vão melhorar com a chegada de um governo, uma ideologia ou uma religião – embora seja sempre bom ter um governo eficiente, sonhar em melhorar o mundo ou pregar com boas intenções.

Mesmo os mais céticos, os mais sarcásticos, os mais reticentes à evolução e ao crescimento espiritual mudam de comportamento e acabam se conectando a seu espírito e sua parte eterna antes de morrer. Seria uma pena esperar a morte para entender a vida. As respostas a nossas interrogações estão dentro de nós.

Seria uma pena não ter aprendido a ser o que fomos chamados para ser. Não percamos energia em tentar ser o que os outros querem que sejamos. Minha amiga Moira Lowe, diretora para a Argentina da universidade espiritual Brahma Kumaris, me ensinou que todos nós fomos preenchidos por Deus particularmente em um aspecto e é esse aspecto que nos faz únicos e especiais. Libertar-nos das expectativas que os outros depositam em nós vai nos permitir ser o que fomos chamados para ser. É assim que superaremos o "Não sei quem sou, não sei o que tenho de fazer" para descobrir nosso valor e nos tornar mais humildes e serviçais.

Seria uma pena não ter aprendido que uma força superior nos criou e não fez isso desinteressadamente. Fomos criados para ser usados. Nosso criador deseja se expressar através da nossa obra.

Seria uma pena não ter aprendido a confiar mais em quem nos deu a vida do que em nosso ego. Seria uma pena não ter aprendido que a vida é uma sala de aula, que sempre estamos em prova, mas que Deus costuma confiar mais em nós do que confiamos nele.

Seria uma pena não ter aprendido que, por mais cabeças-duras que sejamos e por mais cabeçadas que possamos dar contra a parede, a paz e a harmonia estão mais próximas da missão que nos foi encomendada do que nossos caprichos.

Seria uma pena não ter aprendido que o universo nos devolve o que damos e não o que pedimos. Concentre-se no que você deseja e não no que não tem. Esse é um pensamento de abundância. Em vez de "Deus, por que eu não consigo emprego? Por que outros têm e eu não?", diga: "Deus, obrigado pelo que você me dá. Não me lamento pelo que ainda não tenho. Sei que o necessário está por vir".

O universo responde às escolhas que fazemos. Deus sempre nos dá a possibilidade de escolha. A vida funciona com o conceito de tentativa e erro. O fracasso fortalece.

O sofrimento é filho do desejo. O aprendizado, filho do sofrimento. O tango nos diz que, "primeiro, é preciso saber sofrer". *O combustível espiritual* nos indica a sequência: primeiro se deseja, depois se sofre e somente aí se aprende.

Seria uma pena não ter aprendido que, muitas vezes, ainda que de maneira inconsciente, punimo-nos com decisões equivocadas e escolhas incorretas porque queremos sofrer. Há um mecanismo interno, mais ligado ao psicológico do que ao espiritual, que nos leva a fazer escolhas erradas. Poderíamos dizer que, no fundo, nossa opção é tentar retardar nosso crescimento, nossa evolução. Isso não significa que não queiramos aprender. Postergamos nosso aprendizado porque não estamos seguros de querer amadurecer neste momento. Por isso, pedimos um pouco mais de sofrimento antes de aprender totalmente a lição.

Poderíamos dividir as pessoas e os povos de acordo com a quantidade de tempo que dedicam à sua evolução. Isso está mais vinculado com nossas emoções que com nossos pensamentos. O emocional geralmente retarda o aprendizado. Costumamos nos refugiar na desculpa de que somos humanos para justificar nossa tendência a repetir comportamentos errados que nos levam, repetidas vezes, à infelicidade (o que em psicologia se chama neurose).

Quando entendemos que vivemos de modo contrário ao que deveríamos, tudo muda para melhor. Esta é outra das razões pelas quais me decidi a difundir as idéias vinculadas à espiritualidade, como forma de chegar à maior quantidade de pessoas possível, com o que poderíamos chamar de sabedoria prática aplicada à vida cotidiana.

Seria uma pena não ter aprendido que vivemos ao contrário: acreditamo-nos seres humanos em busca de alguma experiência espiritual, mas, na verdade, somos seres espirituais vivendo experiências humanas. Um exercício simples para deixar de viver ao contrário e procurar certo equilíbrio é avaliar nosso dia: todas as noites, por exemplo, na hora de dormir, checar quanto do que fizemos durante a jornada esteve conectado com o espírito (nosso tesouro interior) e quanto com nosso ego.

O espírito é o anfitrião. O ego, o convidado indesejado. Não vamos esperar ter paz e harmonia se na maior parte do dia ficamos à mercê desse intruso. Seria uma pena não ter aprendido que ficaremos mal se, na maioria das vezes, agirmos sem considerar o que nos diz o espírito, se quisermos ter razão a qualquer custo, desprezarmos a verdade para não admitir nossos erros. Ou se causarmos sofrimento, formos conscientes disso e ainda assim não pedirmos perdão. Ficaremos mal. Não teremos tranquilidade, demoraremos a dormir, nosso estresse aumentará e, com ele, os medos, culpas e doenças.

Seria uma pena não ter aprendido que, se entregamos nosso dia ao levantar e na hora de dormir percebemos que conseguimos trocar o controle do ego pela condução do espírito, a jornada nos terá propiciado momentos de paz, de felicidade quando estivemos sozinhos e de um melhor relacionamento com os outros. Dormiremos melhor, levantaremos descansados e os momentos de angústia e depressão serão menos frequentes, menos intensos e menos duradouros.

Seria uma pena não ter aprendido a parar de lutar contra o que vai acontecer comigo e me aliar a isso. Seria uma pena não ter aprendido que a confiança não é nada mais que uma sensação alimentada pelo que eu penso de mim mesmo. Seria uma pena não ter aprendido a jogar as cartas, mesmo quando eu não tiver as desejadas. Seria uma pena não ter aprendido que saber quais são suas fortalezas na vida se assemelha muito à felicidade. Seria uma pena não ter aprendido que não estamos condenados a repetir a história dos nossos pais. Seria uma pena não ter aprendido que todos temos medos e que valentia não é não ter medo, mas sim fazer as coisas que temos medo de fazer. Seria uma pena não ter aprendido que damos o melhor de nós quando esquecemos a possibilidade de ser criticados. Seria uma pena não ter aprendido que não há crescimento sem perdas, nem perdas sem crescimento. Que é melhor amar e ter perdido que não ter amado nunca. Seria uma pena não ter aprendido que não é verdade que, se eu me preocupar mais, ficarei mais protegido: como sempre, preocupado ou não, tudo ficará nas mãos de Deus.

Seria uma pena não ter aprendido que o que somos, essencialmente, é o que sobraria de nós se naufragássemos em uma ilha deserta. Seria uma pena não ter aprendido que admitir uma fraqueza é um sinal de força. Seria uma pena não ter aprendido que, quando tenho uma dificuldade com alguém, por exemplo minha mulher, não estou nesse momento diante dela, mas sim diante de Deus (não insulto Deus, não bato em Deus, não desrespeito Deus, não me descontrolo diante de Deus). Seria uma pena não ter aprendido que o sucesso na vida é importante apenas se você fizer ainda mais coisas que lhe agradem. Seria uma pena não ter aprendido que não somos imunes por sermos espirituais. Seria uma pena não ter aprendido que, no que depender de você, é preciso tentar ficar em paz com a maior quantidade de gente possível. Seria uma pena não ter aprendido a fórmula do fracasso: tentar agradar todo mundo. Seria uma pena não ter aprendido que hoje é o dia que ontem tanto o preocupava. Seria uma pena não ter aprendido que a abundância é um rio que nunca seca. Seria uma pena não ter aprendido que vamos envelhecer de acordo como vivemos e que o corpo tem memória. Seria uma pena não ter aprendido que sou eu que tenho de evoluir, e não os demais. Seria uma pena não ter aprendido que o que faz o que lhe corresponde hoje será correspondido amanhã. Seria uma pena não ter aprendido que semeamos com lágrimas e colhemos com sorrisos. Seria uma pena não ter aprendido que quem assiste a muitos casamentos irá a muitos funerais. Seria uma pena não ter aprendido, simplesmente uma pena, mas não uma tragédia.

Sempre estamos em tempo de aprender, embora quanto antes melhor. Quero encerrar este livro com uma frase que reitero: "Não conte a Deus quão grandes são seus problemas. Conte a seus problemas quão grande é Deus".

Este livro foi composto em Janson Text
para a editora Academia de Inteligência
em março de 2009.